股市天才

发现股市利润的秘密隐藏之地

【美】乔尔·格林布拉特

Joel Greenblatt 著

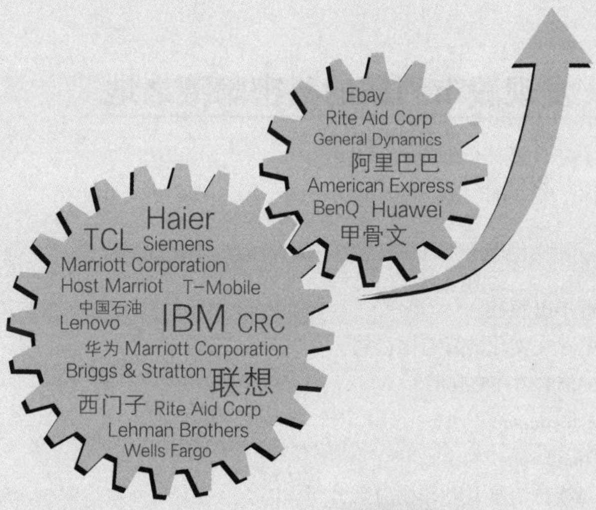

中国青年出版社

图书在版编目(CIP)数据

股市天才：发现股市利润的秘密隐藏之地 /（美）格林布拉特著；王正林，肖静，王权译.
—北京：中国青年出版社，2011.3
ISBN 978-7-5006-9815-9
Ⅰ.你… Ⅱ.①格… ②王… ③肖… ④王… Ⅲ.股票投资—基本知识 Ⅳ.F830.91
中国版本图书馆CIP数据核字（2011）第029179号

股市天才：发现股市利润的秘密隐藏之地

作　　者：(美)乔尔·格林布拉特
译　　者：王正林　肖　静　王　权
责任编辑：周　红
美术编辑：张　建
出　　版：中国青年出版社
发　　行：北京中青文文化传媒有限公司
电　　话：010-65511270/65516873
公司网址：www.cyb.com.cn
购书网址：zqwts.tmall.com
印　　刷：大厂回族自治县益利印刷有限公司
版　　次：2011年4月第1版
印　　次：2025年9月第9次印刷
开　　本：710×1060　　1/16
字　　数：120千字
印　　张：11
京权图字：01-2010-7209
书　　号：ISBN 978-7-5006-9815-9
定　　价：49.90元

目　录

致 谢

写书是个费力不讨好的活，尤其是股票投资类的书，许多人都因写作此类书籍而饱受非议。如果本书有任何错误、疏忽、误述和误导性建议，我愿意一个人来承担责任。当然，本书不会让你失望的，在这里，我还得感谢我的团队和朋友，以及共同参与本书创作的人。

首先是戈坦资本（Gotham Capital）公司的全体人员。

丹尼尔·尼尔（Daniel Nir），我的好拍档，在公司成立之初，我有幸从哈佛商学院那里把他挖来。他对戈坦资本的成功贡献最大，也是本书的主要贡献者和支持者，他也是迄今为止我选的最对的人之一。

罗伯特·戈德斯坦（Robert Goldstein），我的合伙人，他异常诚恳，而且他公正、有洞察力的评论使得本书日趋完善，同时还得感谢他对书中案例的贡献，当然还有案例所带来的利润，包括他对查特医疗（Charter Medical）公司的推荐，以及他在万豪服务（Host Marriot）和自由媒体（Liberty Media）这两家公司的杰出工作。

爱德华（奈德）·格瑞亚［Edward（Ned）Grier］，我的另一个合伙人，感谢他有价值的评论以及在本书多个案例中所做出的研究，尤其是对通用动力（General Dynamics）和思创铁克（Strattec）案例的研究。虽然他们这些非同一般的投资者，可以在没有合伙人的帮助下取得辉煌的投资成绩，但是我很自豪能有机会和这些天才朋友一起工作。

说到天才和朋友，我也要由衷地感谢以下人员：为戈坦资本贡献颇多的首席（也是唯一的）交易员丽莎·埃尔帕特（Lisa Alpert）；戈坦资本的首席财务官CFO和老好人，布鲁斯·伯克维茨（Bruce Berkowitz）；特立独行、多才多艺的办公室经理，埃里森·加瑞特（Alison Jarret）。

还有两个戈坦大家庭的成员需要感谢，首先是布鲁斯·纽伯格（Bruce Newberg），戈坦的全面合伙人，他不但为戈坦资本的成立筹集到了必需的资本，而且还贡献了无数个富有智慧的建议和绝佳的投资想法，我非常珍惜和他之间真诚的友谊，每个人都会为拥有这样忠诚和优秀的朋友而感到幸运。

第二个戈坦成员是我的姊妹，琳达·格林布拉特（Linda Greenblatt），她是本书的知音，并提供了建设性的建议。令人称赞的是，即使是读过15遍之后，她依旧能领会出新的要点，并择机让她的新合伙公司，赛德洛克合伙公司（Saddle Rock Partners），迈向新的成功。她的耐心、奉献和智慧深深地影响了本书，没有她的帮助，我恐怕无法完成本书。

还要感谢下面这些朋友，他们的特别贡献和友谊对我帮助很大：我全盛时期的良师益友，哥伦比亚商学院和汉密尔顿合伙公司（Hamilton Partners）的约翰·斯库里（John Scully）；奥本海默公司（Oppenheimer& Co）的常务理事，埃瑞克·罗森菲尔德（Eric Rosenfeld）；都市资本顾问公司（Metroplitan Capital Advisors）的执行合伙人，杰弗瑞·斯库瓦尔泽（Jeffrey Schwarz）；泽纳投资管理公司（Pzena Investment Management）的理查德·泽纳（Richard Pzena）；幽谷合伙公司（Canyon Partners）的执行合伙人，米奇·朱利叶斯（Mitch Julis）；保珀斯集团（Baupost Group）的总裁，塞思·卡拉曼（Seth Klmam）；我的律师，赖恩、阿特曼和欧文斯公司（Lane,Altman& Owens）的合伙人，乔瑟夫·马泽莱（Joseph Mazzella）；我的经纪人，史密斯·巴尼公司（Smith Barney）的罗伯特·库舍尔（Robert Kushel）；出现在我的有关激动人心的阿帕奇接力赛的记忆片段中的马克·格姆帕尔（Mark Gimpel）；幽默的陆军少校盖瑞·E·沃伦（Gary E·Warren）；莱博尔·拉姆（Label Lam）老师。

特别感谢DFG金融集团（Delphi Financial Group）的主席和橡果合伙公司（Acorn Partners）的执行合伙人，鲍勃·罗森库纳泽（Bob Rosenkranz），感谢他多年来对戈坦的巨大支持，在20世纪80年代与戈坦有过两年半合作期的合伙人，伊芮·默金（Ezra Merkin），以及戈坦前5年的交易员，斯坦·卡普兰（Stam Kaplan）。

也要感谢西蒙舒斯特公司（Simon & Schuster）的编辑，鲍勃·马库伊（Bob Mecoy）；我的代理萨德鲁·迪克斯特瑞（Samdra Doklstra），以及对本书的原始创意提供了帮助的盖伊·凯特尔海克（Guy Kettelhack）。

特别感谢家庭所给我的关爱、支持和鼓励，他们每个人都对这最后的结果（我和本书）起到了巨大的推动作用，谢谢：可敬的爸妈，艾伦（Allan）和穆利尔·格林布赖特（Muriel Greenblatt）；理查德（Richard）和艾米·格林布赖特（Amy Greenblatt）夫妇，盖瑞（Gary）和莎伦·库汉博士（Sharon Curhan）夫妇，我的姻戚乔治博士（Dr. George）和塞西尔·蒂博尔（Cecile Teebor）夫妇。

还得感谢我儿子和他的尖刻问题，“那么，爸爸，你究竟是干什么的呢？警察，消防员，还是其他什么？”他的问题是完成本书的一个主要推动力。现在，我至少可以回答他说：“儿子，你知道儿童作家苏斯博士（Dr.Seuss）[①]吗？我和他一样。”

最后的感谢给予我生命中的挚爱，我爱人朱丽叶（Julie），以及我们的三个妙不可言的孩子们，感谢他们给予我的天伦之乐。

---

① 苏斯博士（Dr.Seuss）：美国家喻户晓的儿童文字作家和插图画家。

第 1 章

股市天才是怎样炼成的

FOLLOW THE YELLOW BRICK ROAD

找到便宜股票的方法如出一辙。如果你花充足的时间和精力来寻找和分析其他“见多识广”的投资者不关心的情况，你找到便宜货的机会将大增。投资致富的诀窍就在于找到这些机会。

股市赚钱的秘诀是：知道股市的财富藏在哪儿！

股市财富之路需要你自己摸索，不要指望有哪一本书能给你速成股市赚钱大法，让你轻松驾驭股市。毕竟，你的对手要么是管理着数十亿美元投资组合的经理人，要么是一群刚接受完MBA课程培训的人，面对这些人精，你的胜算有多大呢？你可能不过是刚信心满满地看完一本20多块钱的《如何投资》，与那些人精比拼股市投资，这看起来不太像是一场公平的竞赛。

事实确实如此。在华尔街那些富有的资金管理人以及优秀的MBA面前，你的机会真不多！是的，你就是从头到尾翻这本书，即使翻烂了，也不会找到什么神奇的秘诀，本书也不是《财星高照》[①]的后续之作，但如果你愿意在投资上花大量的时间和精力，从股市中赚钱甚至致富还是很有戏的。

这是忽悠吧？如果这么容易，那么为何那些MBA以及职业投资者无法将你秒杀？很明显，他们确实投入了时间和精力，虽然他们可能并不全是在金融市场游刃有余的行家，但他们当中可没几个笨蛋啊！

虽然这听起来可能有些怪怪的，但这确实不是忽悠。为何会有这种看起来明显有些自相矛盾的论断呢？**为什么说你可能有能力把那些所谓的市场“专家”打得满地找牙？**答案就存在于对专家思维、华尔街内部运行模式以及我亲家的周末爱好的研究中。

首先来个给力消息，谈谈教育经历与投资的事。简单地说，如果目标是战胜市场，即使是顶尖商学院的MBA或者金融博士，实际上也不会有多少优势。如果你尚未将大量的精力和财力浪费在通过读商学院学成战胜市场的本领，那

---

① 又名《小人物平步青云》（*How to Succeed in Business Without Really Trying*），美国20世纪70年代根据百老汇歌舞剧改编的歌舞喜剧片。

么这是个好消息。事实上，多数市场专家的理论都以此为基本前提，即：除非运气一直好，否则不可能永远战胜市场。

这一理论通常被称之为“有效市场假说”或者“随机漫步理论”，根据这一理论，成千上万的投资者和分析师观察、判断某一公司的公开信息，他们买入或者卖出这个公司的股票，反应在市场上即为股票“恰当”的交易价格。因此根据这一理论，股票的技术分析是无效的。事实上因为股票或多或少被有效定价（因此，你不可能一直能找到便宜的股票），你不可能长期战胜市场。尽管市场专家也粗略地考虑了一些例外情况（如1月效应[①]、小规模效应，以及低市盈率策略），但多数这种“战胜市场”的策略被忽略了，因为学院派认为这些策略无关紧要，它们只是暂时地打败市场；换句话说，在考虑到税收和交易成本之后，这些策略也很难战胜市场。

因为战胜市场是不可能的，金融教授花了不少心血来传授二次规划这样的数学知识，用来在三维空间中优化选择多元化投资的股票投资组合。换句话说，如果你胡乱弄出些复杂的数学公式，并加入些许的微积分计算和统计理论，那么你很有可能会取得市场平均水平的回报。尽管还有许多花里胡哨的程序，但它们都明确传达了一个信息：你无法战胜市场，因此你甚至连试都不用试。成千上万的MBA和金融博士付了大价钱，获得的建议也不过如此。

有两个理由可以解释为何投资不需要教授们的这些基本技巧。

（1）市场专家所使用的假设和方法存在一些根本性的缺陷，我们将在本书中简单地提到这些缺陷，但这并不是本书的重点。

（2）更重要的一点是，即使教授们通常是正确的，股市确实或多或少是有效的，但他们的研究和结论并不适合于你。

显然，多数华尔街人士也必须忽略这些投资“专家”，因为如果给出的投资建议一文不值，他们不会因这些建议而获得报酬，不管是佣金还是投资咨询费。

---

① 1月效应（January Effect）：美国股市1月份的收益率显著高于其他月份的收益率，并且这一高收益主要来源于小型股票在1月上旬的较高收益率。

不幸的是，华尔街上的这些职业投资者的表现似乎支持了市场专家们所得出的结论。

如果学术理论是正确的，那么应该是养老金所得和共同基金经理人长期的投资业绩将与扣除咨询费后的市场平均水平一致。但结果却与有效市场理论出现了偏差，这些职业投资者每年的表现较市场平均水平低近1%，而且尚未扣除管理费。市场“或多或少”是有效市场的理论能够解释这些职业投资者令人失望的表现吗？或者说是其他因素导致他们的业绩如此之差？

职业投资者面临的挑战

我曾有幸与我认为是投资界最优秀的一名职业投资者聊过天。圈子太小，我还是称他为“鲍勃”吧。鲍勃在美国一家大型投资公司中管理着120亿美元的股票基金，这是个什么概念呢？假如你去赌马，并用100美元面额的钞票下注，那么120亿美元堆起来有20个世贸中心那么高（毫无疑问，你的这一赌注肯定让你下注的赛马毫无胜算）。据鲍勃说，他的底线，也是衡量他成功的标准为：他的投资组合的回报率比标准普尔500指数的回报率高多少？事实上鲍勃的纪录非常出众：10年来的年平均回报率较标准普尔500指数的回报率高2%~3%。

乍一看，“出众”一词与每年收益率只高出2%~3%有些不相称。虽然按照复利计算，如果每年的回报率高2%，20年后的回报会高出50%，但这并不是鲍勃所取得的回报被称之为“出众”的原因。鲍勃的表现之所以给人留下了深刻的印象，是因为他管理的投资组合规模庞大，要想使此等规模的投资组合持续获得这样的超额回报是极其困难的。

投资组合的规模给鲍勃所施加的限制，通过下面一些简单的计算就能展示出来。假设鲍勃将这120亿美元资金都配置在股票上，为了创建一个由50只股票所组成的投资组合，每只股票的平均投资额大约为2.4亿美元，如果投资组合由100只股票组成，那么每只股票的投资额约为1.2亿美元。

当前，纽约证券交易所、美国证券交易所以及纳斯达克柜台交易市场上共有9000只左右的股票。在这些股票中，约800只股票的市值超过25亿美元，约1500只股票的市值超过10亿美元。如果我们假设鲍勃无意对单只股票的持股超过该股流通盘的10%（出于法律以及流动性方面的考虑），那么鲍勃的投资组合中会有50~100只股票。如果他将投资范围扩大至市值小于10亿美元的股票，他这么做也许是想从那些人们关注较少、可能尚未被发觉的便宜股票中寻找机会，那么他的投资组合中持有的股票数量会毫无疑问地超过200只。

直觉告诉我，你可能认同分散的投资组合能带来优势这样的观点，因为如果你拥有了这样的组合，即使你选错了一只或者两只股票，它们也不会影响到你的信心，也不会给你带来金钱上的损失。然而，分散的投资组合中持有多少只股票才算“正确”？是50只，100只，还是200只？

结果表明，分散投资仅仅解决了股市投资中的部分风险（还不是主要风险）。即使你为了保险持有9000只股票，整个市场的上涨或下跌依然会给你带来风险，这一风险被称之为市场风险，你再“完美”地进行分散投资也无法消除这种风险。

尽管买入更多的股票无法帮助你避开市场风险，但这种策略的确能够帮助你避开另外一种风险，即“非市场风险”。非市场风险是指一只股票与整个市场波动无关的风险。当某家上市公司的工厂被烧毁，或者新产品的销售不及预期时，这种风险就会出现。通过不将所有的鸡蛋都放在一个篮子中，你可以规避掉由单个公司的不幸遭遇所引起的这种风险。

统计学告诉我们，

◎ 只要持有2只股票，就能将持有1只股票中的非市场风险减少46%；

◎ 持有4只股票，非市场风险能减少72%；

◎ 持有8只股票，非市场风险能减少81%；

◎ 持有16只股票，非市场风险能减少93%；

◎ 持有32只股票，非市场风险能减少96%；

◎ 持有500只股票，非市场风险能减少99%。

暂不考虑这种统计正确与否，对于分散投资策略，你应当记住两点：

1. 在不同的行业板块中买入了6只或者8只股票之后，买入更多的股票以降低风险的效益会下降；

2. 仅仅在投资组合中买入更多的股票，不会消除整体的市场风险。

从实践的角度来看，若鲍勃选择自己喜欢的股票，在选中20只、30只或者80只股票时，他实际上是在根据自己投资组合的规模、法律法规以及信托责任来制定投资策略，他这么操作，并不是因为他觉得自己最后选中的一只股票像选中的第一只股票那么出色，也不是因为他需要买入所有的这些股票以实现最佳的分散投资策略。

简而言之，可怜的鲍勃必须想出许多伟大的点子，在最受人关注的有限的股票中精挑细选，在不影响股价的情况下买入卖出大量股票，而他的表现被众人一览无余，因为每季度、甚至每月都会对其业绩进行评估。

很幸运，你没必要这么做。

寻找散户独有的投资机遇

既然鲍勃能满载而归，那么你在股市中的致富之道在哪呢？我那爱好收藏的亲家的一些做法，似乎能给你有所启发。

通常我亲家会在周末到镇上的拍卖行、古董店或者地产销售公司那里，耐心淘自己称心如意的艺术品或者古董。作为狂热的收藏者，他们寻找那些他们拥有之后会感到快乐，且每天都能朝夕相对的作品。作为精明的投资者，他们寻找的是那些尚未被发现，或者价值尚未被认识到、他们能够以远低于真实价值的价格买下的艺术品或者古董。

在资本主义生产方式下，他们会使用一个非常简单的策略。不管他们是在知名的古董店里找到了一件漂亮的古董家具样品，还是在某家尘封的阁楼上找到了一幅印象派油画，他们在购买之前都会问自己一个问题：近期拍卖行（或者交易商）是否以远远高于潜在买价的价格卖出过类似的家具或者油画？

道理就是这么简单，尽管我们可能会从他们没有问的一些问题中知道许多东西。他们不会问："这幅油画的作者会成为下一个毕加索吗？"也不会问："18

世纪法国家具的价值将飙升吗？”如果你有能力预测到这些未来的事情，那就太好了，那你赚钱就是小菜一碟。

很少有人能具备预测未来事件的能力，人们常常不具有从中持续受益的能力、知识和准确的时机判断力。能否预测未来并不重要，不必这么做，关键是知道如何通过研究当前的情况来获利。

这并不表示他们对艺术品和古董的专业知识不会帮助他们赚钱，但许多人并不具备相同的知识。他们的优势来自于这些知识，他们能将这些知识应用于非常规领域。尽管找到这样的领域难度更大，但一旦找到之后，由于没有见多识广的收藏家的竞争，他们便有机会找到那些未能“有效”定价的便宜货。

找到便宜股票的方法如出一辙。如果你花充足的时间和精力来寻找和分析其他见多识广的投资者不关心的情况，你找到便宜货的机会将大增。投资致富的诀窍就在于找到这些机会。

这让我想起一个管道修理师傅的故事。这个故事是说一名管道修理师傅来到你家里给你修管道，他进门后，找了个地方，看似随意地敲了一下管子，然后说：“请给100美元。”

“100美元！”你喊道，“你只不过敲了一下管子而已！”

“哦，不能这么说，”这位师傅回答说，“敲管子只收5美元，知道在哪里敲管子则收95美元。”

在股市中，知道在哪里“敲管子”就是你的致富秘诀，请记住这一点。接下来我们将揭露一些股市中财富隐藏之地！

股市赚钱的秘诀是：

知道股市的财富藏在哪儿！

第 2 章

股市天才基本功

SOME BASICS — DON'T LEAVE HOME WITHOUT THEM

你在自己的投资组合中承担的风险越多，你所获得到的回报也会越多；所承担的风险越低，回报也会越少。一言以蔽之，没有付出——承担高风险，哪有收获——获得高回报。

你之所以能取得这些巨额利润，并不是因为你承担了巨大的风险。你理应获得如此丰厚的回报，因为你做了充足的准备工作。

我15岁时，唯一能偷偷溜进去玩的赌博就是“好莱坞赛狗”（Hollywood Dog Track）。这可真是太刺激了，当我第一次违禁观看这种比赛时，我似乎发现了一条稳赚不赔的赢钱之路。第三赛道的那条狗在之前的6场比赛中均跑出了32秒的好成绩。这条狗的赔率为99：1。我称这条狗为“幸运狗”，而参加这场比赛的其他赛狗从未跑进过44秒。

当然，我拿人家以为很少的赌注押“幸运狗”会赢，心里暗喜，如果那些将赌注押在其他赛狗上的人想把钱送给我，那就来吧。然而，当“幸运狗”在最后的冲刺阶段掉到了最后一名时，我对其他赌徒的看法慢慢地发生了改变。

这是“幸运狗”第一次跑长途赛。很显然，正如其他人都知道的，“幸运狗”之前所创造出来的辉煌成绩都来自于短途赛，赛程要比这一次短许多，而其他的赛狗则在跑长途赛这方面经验丰富。我稳赚不赔的“99：1”的赔率就像海市蜃楼一样，随着我的赌注一起迅速蒸发。

从好处说，不到一分钟的时间，我学到了宝贵的一课，那就是在缺乏基础性的知识和了解的情况下，你无法分辨出哪条狗值得下注。因此，你在股市的穷街陋巷中四处寻找隐藏的投资珍宝之前，你需要补充一些股市投资的基础知识，练足这些基本功，这对你的寻宝之旅有帮助。

自己做研究和分析

有两个理由可以解释为何你要自己做研究。

第一个理由非常简单，那就是你没有选择的余地。如果你真的在研究被其他人所忽视的投资情形，那么关于这些情形的报道或分析很少会出现在媒体或华尔街的文件中，尽管有关行业或者企业的信息通常都到处都是，且其中有些信息很有益，但那些能让你拥有令人垂涎的投资机会的特殊信息几乎没有人会关注。这应当对你有利，对于投资信息，“多多益善”不应成为你的信条。

第二个理由与此密不可分。只要有可能，你都不希望“富贵险中求”——冒巨大的风险赢得丰厚的回报，你还是希望通过自己的研究稳健地获得丰厚回报。如果你是少数几个分析一种特殊投资情形的人员之一，由此可以断定，你就会在评估合理的风险回报中处在最有利的位置。并不是所有模糊不清或者隐藏的投资机会都是诱人的，关键是你要将自己的“赌注”押在回报大幅超过风险的情形上。

人人都希望投资于胜算对自己有利的情形，这是人之常情。然而，多数人无法实现这一点，因为他们不知道这些有利的情形在哪儿。通过辛勤工作和认真分析，你会获得能够给你带来超常经济利益的投资情形。你之所以能取得这些巨额利润，并不是因为你承担了巨大的风险。你理应获得如此丰厚的回报，因为你做了充足的准备工作。

当胜算一边倒地非常有利于你的时候，投资会给你带来乐趣吗？答案是肯定的。

分析师言语可信吗

任何在电话中向你推销出色的投资建议的人所提供的胜算几率，就像是不买彩票却打算中乐透彩。虽然有时他们提供的确实是好建议，但这种可能性非常小。当股票经纪人打电话给你或者写信给你时，请记住前第一夫人南希·里根（Nancy Reagan）的忠告：“直接说‘不’”。事实证明，大型经纪商的研究分析师在预测未来盈利或者股价方面的表现非常糟糕，如果你相信那些兜售“仙股”[①]的小型经纪商在这方面有着更好的表现，那么请写信告诉我，我会把钱退

---

① “仙”（仙：cent）的音译是香港人对英语“cent”（分）的译音。仙股就是指其价格已经低于1元，因此只能以分作为计价单位的股票。

给你：你已经无药可救了。即使是声誉不错的投资公司的客户，也不会获得很出色的投资建议。

从本质上看，市场性的原因导致了分析师在这方面的表现一直如此糟糕。绝大多数分析师的工资并不是由客户直接支付，这些分析师给出的建议以及研究报告会被他们所在公司的经纪人兜售给客户，然后公司获取佣金。由此便产生了长期存在的一个问题，即分析师总是倾向于给出“买入”建议。同客户已经拥有的股票规模相比，客户尚未拥有的股票的规模一直都要大许多。因此，与给出“卖出”建议相比，通过给出“买入”建议来获取佣金要容易得多。

研究性分析师的职业所带来的另外一个危害是，那些严厉抨击了一家公司股票的分析师通常会失去重要的信息源。该公司很可能会与其他一些更“合作”的分析师进行交往，也会将信息提供给那些分析师，这显然会让抨击这家公司股票的分析师工作起来更为艰难。此外，这些分析师所在的投资公司今后获得这家公司投资银行生意的机会可能会变得很渺茫。这就是为何分析师通常会使用“资金来源”、“持有”和“不合时宜”等这样委婉的说法而不给出更为直接的“卖出”建议的原因。

除了这些问题外，还有一些其他问题。你不会冒险作出与其他分析师不同的盈利或者股价预期。与“众人皆对我独错”的风险相比，选择同大家一起出错要容易得多。由此导致求新、求异、思维独立的分析师在同行中成为了异类，求新求异并不是这一职业标准的行为方式。

此外，多数分析师只研究一个行业板块中的股票，因此有了化工板块的分析师、银行板块的分析师，以及零售板块的分析师，但这些人不知道如何同其他行业的股票进行比较。因此，当一名化工板块的分析师建议买入他所研究的行业中的一只股票时，他并未拿这只股票的投资前景与其他50个行业中的任何一只股票进行对比。克里弗兰市中心的街区与附近的其他住宅相比很棒，但如果与全球富豪心目中的梦幻之地比佛利山庄相比，简直是小巫见大巫。

由于分析师的工作就是比较特定行业中的股票，重大的公司事件经常会超出一位分析师的专业范围。事实确实如此，即使当这些重大的公司事件发生在他所跟踪的企业身上时，如拆分或者并购——当跟踪的公司正发生重大的组织变革时，许多分析师实际上会暂停对这些公司的评级，或者放弃跟踪这些公司。鉴于他们的工作特点，他们这么做是可以理解的，但如果他们的目标是给投资者提供能够获利的投资建议，那么这么做不会提供任何帮助。

分析师需要面对的另一个问题是冷酷无情的经济利益。如果某些股票或投资无法给分析师带来足够的收入（如佣金或者未来可能获得的投资银行业务费），他们绝对不会再浪费时间和精力。因此，交易量不大的小盘股、复杂的证券，以及从未遇到过的新情况通常会被分析师所忽略。讽刺的是，最有可能给你带来丰厚利润的就是那些分析师出于自身经济利益的考虑而不愿深挖的领域。

因此，对于分析师，你的底线是：即使你是在费用和佣金不会影响到投资建议的梦境中，你依然必须面对一个残酷的现实，你的经纪商、分析师不知道该如何帮你投资，不管他是否值得信赖，但请不要责怪他，他也没有错。该指责的是整个体制，这个体制并不成功。

你依然希望从值得信任的人那里获得赚钱秘诀？那好，就将赌注押在第三赛道的“幸运狗”上吧，有多少赔多少！

选好位置站好队

夏令营最精彩的部分当属“彩色大战（Color War）”了。“彩色大战”为期一周，是传统项目。所有参加夏令营的人被分成两队：蓝队和灰队，然后根据不同的年龄组进行比赛，看谁在一系列的体育比赛中赢得最多。“阿帕奇接力赛（Apache Relay）”是“彩色大战”中的压轴戏。这是“彩色大战”最后阶段的个人赛，两支由各个年龄组的成员所组成的队伍展开竞赛。就像多米诺骨牌一样，只有在前一名队员完成了一项个人运动项目或稀奇古怪的任务之后，下一位队员才能继续比赛。

因此，就像古老的阿帕奇族勇士一样，队员们一个接一个参加跑步、游泳、双手绑在背后吃苹果派等比赛，以及用牙齿咬着放有鸡蛋的勺子走路。同其他比赛不同，优势并不取决于队伍中是否拥有更强壮或者跑得更快的队员，而是得看哪个队伍能够幸运地获得大卫·弗索特斯基。大卫的任务是：在自己队伍中的下一名队员完成诸如跑到码头这样的任务前，他必须用乒乓球打出3个擦网球。

在乒乓球比赛中，擦网球是指发球时球碰到了中间的拦网，并落在对方的球台上。高个子大卫在整个夏天都只是普通人，但他能够随心所欲地发出擦网球，一、二、三，三个擦网球，没有人能做得像他一样，他为自己的队伍在接力赛中争取到了宝贵的时间，经常几秒钟的差距就能决定比赛的胜负。在比赛前的紧张时刻，大卫所在的队伍总是会说："不用担心，我们有大卫！"我不知道大卫是怎么做到的，但毫无疑问，如果打擦网球是一项职业运动，或者是奥林匹克运动项目的话，那么大卫的名字能与棒球场上的贝比·鲁斯（Babe Ruth）、篮球场上的迈克尔·乔丹（Michael Jordan）相提并论。

讲了这么多，我想说的是，如果大卫能够将每次比赛安排成一场比谁能打出最多擦网球的比赛，他一定会赢很多次。不幸的是，生活并不总是如你所愿。你没法总是选择自己参加哪种比赛，也无法选择自己的比赛场地。尽管如此，当你投资股市的时候，你却可以做出选择。

其实巴菲特说过的许多话都阐明了这一观点，如"你只需要在20个投球中击中一次就可以了"，"在华尔街上，没有人会敦促你去击球"，或者"等待适合你的投球"等。**最成功的赌马人（我猜他们是输得最少的一群人），是那些不在每一场比赛中押注的人，他们只有当非常确信的时候才会下注。**

如果你将自己的投资限制于自己既能理解又有信心的情形，且只进行这样的投资，你的成功率将非常高。没有理由为了写出一份诱人的投资清单而削弱自己最好的想法或者自己喜欢的投资。如果"擦网球"只是新设立的十项全能比赛中的一个项目，大卫的优势和技能会被大幅削弱，他赢得十项全能比赛冠军的可能性也会变得很渺茫。因此，如果没有人阻止你打"擦网球"，那就继续打吧，直到他们不让你打为止。

将所有鸡蛋放入一只篮子并看好这只篮子，这种策略所承担的风险小于你的预期。根据过去的数据，假设投资股市的年平均回报率为10%，统计表明某一年的回报率落入-8%至+28%区间的可能性约为2/3。从统计学的角度来看，某一年的回报率较10%的平均水平的标准偏差为18%左右。很明显，还有1/3的可能性，回报率会超出这一令人难以置信的有着36个百分点的巨大波动范围（-8%至+28%）。这些统计适用于由50只或者500只证券所组成的投资组合，也就是多数股票型共同基金所持有的典型的投资组合。

尽管如此，如果投资组合只有5只股票，统计结果会怎样呢？每一年的预期回报率的波动范围实际上必定会很大。谁知道1只或者2只股票的疯狂波动会对最终结果产生何种影响呢？统计得出的数据显示，约有2/3的可能性，你的回报率会落入-11%到+31%区间内。对投资组合回报率的预期依然为10%。如果投资组合有8只股票，那么这一区间会略微缩小至-10%到+30%，这与500只股票的投资组合没有多大差别。预期回报率如此大的波动区间应当会让那些持股不超过50只的人感到安慰，并让那些认为持有几十只股票就能确保自己获得可预期的年收益的人感到恐慌。

长期来看（指的是20年或者30年），尽管每年的回报率都不一样，但股票也许是最诱人的投资工具了。因此，拥有一个分散投资程度非常高的股票投资组合能够让你或多或少取得同市场平均水平一样的回报。在股市中，取得市场平均水平的回报已经算不错的了。

然而，如果你的目标是跑赢大盘，取得远远好于市场平均水平的回报，那么你所要做的就是选对地方，在20个投球中只击中其中之一，只打擦网球，你也可以使用其他任何一种比喻来让自己明白这一道理。只有很少一部分投资标的符合你这种精心挑选的方法，但这应该不是问题。虽然集中投资的组合会让你在短期内付出年度回报率的波动性小幅增加的代价，但长期来看，丰厚的收益应足以弥补这一切。

依然没有完全接受将一些鸡蛋放在一个篮子里的观点？不要绝望。仍有其他方法可以解决风险问题，同时让你以自己喜爱的方式进行高效投资。

学会分散投资风险

只需支付1000美元，保险公司就可以给一名健康的35岁男性上份保额为100万美元的保单，如果此君不幸在明年挂掉，保险公司将支付这笔保额。保险精算数据表明这对保险公司极其有利。你会像保险公司那样下注吗？可能不会。原因是不管统计数据告诉你什么，100万美元的损失你可受不了，尤其是仅仅为了获得那少得可怜的1000 美元。通过将成千上万个投保人集合在一起，保险公司可以创造出一个符合统计表数据的承保风险组合。这就是为何他们能够通过一直下巨额赌注而创造出一项优质业务，而作为个体的你却负担不起的原因所在。

实际上，如果孤立起来看，一种特定的风险看起来并不安全，有时看起来甚至有些愚蠢。但如果将同一种风险放在整个投资组合中来看的话，这种风险就会变得很合理。因此，如果真是这样，如果分散风险是个好主意的话，为何我要一再告诉你应该只持有少数几只股票呢？

可以从两方面来回答这一问题。首先，在每一份单独的保单中，保险公司承担的风险是为获得1美元而损失1000美元，只有当数年内承保了无数份相同的保单之后才会使这一赌注变得有价值。幸运的是，你在购买股票时承担的风险仅局限于1美元的投资带来1美元的损失。因此，你可以谨慎地投资少数几只诱人的股票，而你也不会承担恐怖的风险。但其他人会建议维持一个高度分散的投资组合，只通过关注于在股市中精心挑选的几个投资机会，你怎么可能赚钱呢？

你应当从头开始思考你在股市中的投资，如此你便能找到答案，也即为何高度分散的股票投资组合不是规避风险的魔幻公式的另外一个理由。这里重点提醒你，对多数人而言，股票投资组合只是他们所有投资中的一部分。多数人将一部分净资产存放在银行或者货币基金中，或者放在家里，或者投入债券中，也有可能是购买了人寿保险，或者投资于房地产，以及其他种种方式。如果你希望避免将所有的鸡蛋放在一个篮子里，这种在不同资产类别之间所进行的范围更广的分散投资，将比仅仅分散投资你的股票组合更能有效地实现你的投资目标。换句话说，不要因分散投资而把你极其出色的股市投资策略糟蹋成只能获得平庸回报的策略。

实际上，不管你购买了多少只不同的股票，如果你把未来两三年内本应用于支付房租、房贷，支付医疗费、学费以及购买食物及其他生活必需品所需的资金投资于股市，那么你在一开始便承担了风险。请记住，股市每年的回报都会出现剧烈的波动，即使你采用了分散投资的策略并购买了8000多只股票。毫无疑问，如果你卖出股票是因为需要用到这些钱，这绝不是一种有效的投资方法。

理想的做法是，你买入和卖出股票的决定应当只取决于投资优势。这可能意味着将多余的钱存在银行中，或者投资于其他资产上，即使你执意认为股票是最佳的投资选择。将你的部分资产闲置起来，应当成为你对谨慎的分散投资法的一种妥协。只要你愿意自己做研究，只持有少数几只精选股票的投资策略所产生的回报率应会远远高于持有几十只股票或者共同基金的策略。

有时这种精选策略的业绩波动幅度可能会略大于每种股票都买点的撒胡椒面式的投资策略，也就是所谓的指数化投资策略。然而，如果你对自己所有资产组合的安排能够让你免于在市场下跌时期被迫卖出股票，那么短期的业绩波动幅度的些许增加应该不要紧。要紧的是，过了一段时间之后，甚至是5年或者10年之后，你依然有面包和牛奶。在这段时间内，你可能投资了数十种不同的投资情形（尽管每次投资都只投资少数几只股票），因而你进行了大量的分散投资，并获得丰厚的回报。

“安全边际”让你稳赚不赔

投资界有一条永恒的至理名言：在风险和回报之间有一种平衡。学术界以及多数职业投资者都认为：**你在自己的投资组合中承担的风险越多，你所获得到的回报也会越多；所承担的风险越低，回报也会越少。一言以蔽之，没有付出——承担高风险，哪有收获——获得高回报。**这种观点在学术界人士以及职业投资者的头脑中如此根深蒂固，以至于成为了这些人的投资策略的基础。

当然，如果讨论就此结束，你只要调高自己愿意承担的风险水平便能获得你应得的预期回报。在完全有效的市场中，风险和回报之间的这种关系确实成立。很明显，因为你将寻找一些由无效定价所带来的投资机会（如超常规的股票或者投资情形，因为这些机会很不寻常，分析师和投资者没有对它们给出正确的定价），风险与回报之间这种永恒的关系应该是不实用的。

然而，这并不意味着有关风险/回报的观点与你无关。恰恰相反，它也许就是最重要的投资观点。这就是这种观点的神奇之处，因为至少当分析个股风险的时候，多数职业投资者和市场专家会出错。由于他们在衡量风险/回报中的“风险”时采用了错误的和莫名其妙的方法，他们才会犯错。

人们普遍认为，风险指的是所获得的回报出现波动的风险。人们使用“贝塔值”来衡量一只股票的风险。贝塔值是指这只股票的价格波动性与整个市场波动性之间的比值。通常在计算“贝塔值”时，人们会假设这只股票过去的波动性会延续至未来。在这个混乱不堪的股市中，严重混淆了上涨的波动性与下跌的波动性之间的区别：与股价在一年内小幅下跌的股票相比，同期的股价出现大幅上涨的股票往往被认为有着更高的风险。

此外，根据过去的价格走势（或者是波动性）来确定某只股票的风险通常会得出错误的结论。价格从30美元跌到10美元的股票，比价格从12美元跌到10美元的股票有着更高的风险。尽管现在用10美元的价格都可以买到这两只股票，但跌幅最大的股票，也就是如今的价格较最高点出现了大幅下跌的股票，依然被看成是两只股票中“有着更高风险”的股票。也许是这样的，但也有可能在大幅下跌之后，这只股票的下跌风险已经被消除了。事实上，你无法根据一只股票过去的价格走势对它得出任何结论。

事实上一只股票过去走势的波动性，既不是一种能衡量未来盈利能力的出色指标，也不会告诉你什么重要的事情，如你会亏多少钱。让我再重申一遍：它不会告诉你你会亏多少钱。当多数人在思考风险的时候，难道他们不关心亏钱的风险吗？比较亏损风险与潜在收益就是投资的全部内容。

也许正是因为对一只股票的潜在收益和亏损风险的衡量非常主观化，如果你是一名职业投资者，或者一名投资研究专家，那么你很容易就会使用像波动性概念这样的方法来衡量风险，而不是使用其他方法。不管其他人无视常理的理由是什么，你的工作依然是通过一些方法来量化一只股票的上涨和下跌风险。虽然如此，但这项工作是如此的含糊不清且艰难，以至于你自己的方法可能会非常合适。

为了迎接这一挑战，可以再看一下我亲家的做事方法。你还记得吧，当他们找到了一幅油画要价5000美元，而同一位画家的另外一幅相似的作品近期通过拍卖行以1万美元成交时，他们就会买下这幅画。他们在拍卖价与购买价之间获得了 5000美元的缓冲余地，这就是被公认为是证券投资之父的本杰明·格雷厄姆所说的“安全边际”。如果我亲家的感觉是对的，那么他们拥有的安全边际足够大，足以让他们几乎不可能在这笔交易中亏钱。

另一方面，如果他们的感觉出现了些许偏差，如他们买下的油画的质量不及近期拍卖的那幅画，那么1万美元的拍卖价就会成为历史；假如艺术品市场在他们买入这幅画并在赶去拍卖行拍卖的途中崩盘了，由于他们在购买的时候就获得了缓冲余地，也就是获得了安全边际，他们的损失会降至最低。

因此，创造出诱人的风险回报率的方法之一是：通过投资拥有巨大安全边际的情形来限制风险。尽管上涨风险也难以量化，但它通常都会改善风险回报率。换句话说，当你最初做出投资决定的时候，你应当关注下跌风险，而不是上涨风险。只要不亏钱，那么再糟也糟不到哪里去。尽管这一基本观点非常简单，但很难用复杂的数学公式来证明，但这也不是大问题……

借鉴经典大师投资之路

通过股市投资而获得财富有许多方法，所以，有许多人都试图通过投资致富，然而，只有一小部分人取得了成功。我明白，你一定非常迫切地想知道：“他们是谁？他们怎么做到的？”

我们之前已经提到了一位成功的投资者，他的投资法应值得仔细研究。他就是本杰明·格雷厄姆，他的书和课程影响了许多投资者。“安全边际”这一概念，也许是他对投资界做出的最伟大、最持久不衰的贡献。格雷厄姆通常采用客观的手段来计算一家公司的真正价值，如一只股票的账面价值（指这家公司在资产负债表上披露的净资产）及其市盈率（股价与年度收益之比），他给出的忠告是：**只有当价格大幅低于价值时，才能购买这只股票。**

至于如何看待股票市场，格雷厄姆称，你应当想象成自己正与“市场先生”做生意，一只股票的价格仅仅代表了整个经济中的部分所有权。有些时候市场先生会变得异常兴奋，对你的股票给出高得离谱的报价；而在其他时候他可能会异常恐惧，并给出低得离谱的报价。你只有在这种极端情况下才能利用市场先生，听听他会说些什么。根据格雷厄姆的说法，在其他情况下，你最好忘了市场先生，并专注于企业的经营和财务基本面。

能够长期保持极大成功的投资者并不多，在这些人当中，多数人都以各自的方式遵循着格雷厄姆提出的“安全边际”和“市场先生”的概念。即使有些人在企业评估领域中拓展了格雷厄姆的评估法，但格雷厄姆最初提出的概念始终有效。后来的研究依然支持了他的观点，即只要以相对于账面价值和盈利而言较低的价格购买股票，就能获得巨大的长期回报。

根据这些研究，像格雷厄姆那样的价值投资法，远胜于购买热门股（或者说最受欢迎的股票）、购买指数基金或者将钱交给职业投资者的投资法。与有效市场理论相反，这些价值投资法在取得优异回报的过程中，所出现的波动小于其他的投资法，并且都适用于大盘股和小盘股。

造成这一结果的原因之一可能是，个人投资者和职业投资者都高估了近期表现非常好的公司的长期前景，同时又低估了暂时表现不佳、不受欢迎的公司的价值。在更多地依赖于未来预期的企业价值评估法中，经常会掺入情绪因素和机构投资者的偏见。如果根据账面价值和历史盈利数据来确定一家公司的价值，则有助于消除这些因素。尽管人们对格雷厄姆的投资法有着明确的记录，且进行了深入的研究，但这些方法继续为投资者提供着优异的回报。

格雷厄姆最著名的学生是沃伦·巴菲特，巴菲特发扬光大了老师的思想，主张寻找有巨大安全边际的投资，在将股市看成是“市场先生”的同时，他成功发展了自己对价值构成的看法，以此寻找诱人的投资。**概括说来，巴菲特发现，不仅仅是投资于严格统计标准下价格便宜的股票，投资于基本面良好的优秀企业能够大幅提高投资回报**。尽管这一见解看起来没什么特别的，而且似乎只是对老师的投资法做了微调，但巴菲特之所以会成为格雷厄姆最成功的弟子、全球最伟大的投资者，可能原因就在于此吧。

巴菲特试着专注于那些有着强大的特许经营权、品牌或者细分市场的经营良好的企业。此外，他的投资都集中于他能较好了解的企业，且这些企业拥有诱人的经济效益（即他们能产生大量现金），具有竞争优势。通过这种投资法，当巴菲特以低于当前价值的诱人低价买入一家企业的时候，他也能通过部分或者全部拥有这家公司，从这家公司未来价值的增加中受益。格雷厄姆基于统计而找到的便宜股票通常不会让他享受到额外的增值。事实上根据巴菲特的说法，买入糟糕的企业所承担的风险是：当初廉价购买企业时所具备的便宜优势，可能会在释放最初的这些剩余价值的催化剂出现时便消耗殆尽了。

然而，另外一种成功的股市投资法，却备受共同基金经理人彼得·林奇推崇。他也许是这个世界上最伟大的共同基金经理人了，在1977—1990年间担任富达麦哲伦基金（The Fidelity Magellan Fund）经理人的这段期间内，最初投入的1美元变成了 28美元。他在自己写的书、专栏以及采访中强烈表示：**通过投资自己已经知道和了解的公司和行业，普通的个人投资者能够打败投资专家**。根据彼得·林奇的说法，不管你身处购物商场、超市或是游乐园，到处都有新的投资前景。他相信，只要对企业进行了大量的研究和调查，当然是普通投资者力所能及的研究和调查，你每天所获得的洞见和经历，都能成功转化成一个盈利的股票投资组合。

尽管同彼得·林奇的投资级别不同，伊利诺州比尔兹敦的几位家庭主妇在成立了自己的投资俱乐部以来的近10年中，也获得了令人羡慕的收益。彼得·林奇在写自己的第一本书时，管理着140亿美元的资金，而这些家庭主妇则管理着9万美元资金。她们的秘密武器就是价值线公司的《价值线投资调查》杂志（*The*

Value Line Investment Survey，也简称《价值线》杂志），该杂志每周公布一次，它提供了约1700家大型上市公司详细的基本面数据和统计数据，价值线每周会对这些公司的时效性和安全性进行分级。总体而言，在30年的时间内，在该杂志中时效性评级最高的股票（在5级制的评级中获得1、2级的股票）能够轻松地战胜市场。该杂志使用一个专门的公式来确定股票的排名，公式中包括了诸如股票的收益、价格动能、盈利所带来的意外惊喜及其他一些特定的基本面信息等因素。《价值线》杂志的研究性分析师所给出的投资建议也曾纳入到这一评级系统，但该杂志很早之前就放弃了这一做法，因为没有这些分析师的建议，这一评级系统表现得更好。

比尔兹敦妇女投资俱乐部（Beardstown Ladies）最初从《价值线》杂志中排名最靠前的股票中进行选择，并使用杂志所提供的其他数据，随后她们开始产生自己的见解。她们建议，紧跟《价值线》排行榜上排在行业第三名、有着高安全等级和低负债率、五年来销售和盈利表现强劲的公司，以及市盈率处在历史低位的那些公司。这些家庭主妇们还自己开发了许多诀窍，不知道这些诀窍是否对她们的投资业绩带来了影响。

很显然还有其他有效的投资方法，但此时得问一个理所当然的问题：与前面所提到的投资法相比，从股市中隐蔽的角落中找到成功投资机会的投资法怎么样？

尽管这个问题问的很有道理，但可能会产生误解。不能仅仅因为你在别人忽视的领域进行投资，而认为你无法或者不应该研究借鉴格雷厄姆、巴菲特或者彼得·林奇成功投资法当中蕴涵的智慧。当然，一旦你决定通过自己的努力在市场的偏僻角落中寻找投资机会，希望你的分析能像搞清楚是不是有铁砧砸你脑袋上那么简单。可惜，尽管这是一个让人羡慕的目标，也不是一个完全脱离现实的目标，但生活总是那么不如意。

当投资决策变成一项愈加繁重的任务时，从大师们的身上借鉴一些经验至少是有益的。在很多情况下，因为选对地方是你取得成功的关键之一，遵从这些投资大师的基本原则，应会让你将注意力集中在正确的地方。

找到股市利润藏在哪儿

基本功练好了吧，一切就绪，那就开始寻找股市中宝藏的藏身之处吧！

不用担心，你不必去调查拉夫运河①底下有什么，或者因侦察俄罗斯的一些秘密军事基地而被击毙，不是这么回事。这一问题的答案是：股市中的利润可以隐藏在任何地方，利润的藏身之处总是一直在变，实际上这些投资情形中多数的投资主题是变化的。

公司中一些经常发生的事件会创造出投资机会。能够带来巨大利润的公司事件有很多：拆分、并购、重组、配股、破产、清算、资产出售、资产分配等。不仅这些公司事件本身会产生利润，而且每一种公司事件都会创造出一批有着自己突出投资潜能的新证券。

妙就妙在一直都有这样的公司事件，一周内这样的公司事件可能有数十例，一个人不可能跟踪所有这些事件。但这并不重要：你无法跟踪所有的公司事件，你也不必这么做。即使每个月找到一个好机会，都比你需要或者希望的要好得多。读本书的时候，看着里面讲到的一个个案例和训诫，你可能会想："我怎么能找到那样的机会呢？"或者想："我可能永远也找不到这样的机会！"也许这两个想法都是对的，你肯定能找到一些机会。即使在你学会了该在哪里寻找新的想法后，认为自己即使掌握这些公司特殊事件的1/10也是一个白日梦。然而，在你的一生中通过自己研究那些机会而获得丰厚利润，这个想法不是白日梦。老话说得好："授人以渔……"

所有其他的致富方法又怎样呢？

巴菲特或者彼得·林奇的投资法没有破绽，问题在于，你不会成为下一个巴菲特或彼得·林奇。

以好价钱投资于伟大的公司是有道理的。难就难在找出哪些是伟大的公司。

---

① 拉夫运河（Love Canal）：一条美国运河，离尼亚加拉瀑布不远，1980年，由于河底下的垃圾污染，发生了著名的"拉夫运河污染案"。

处在垄断地位的报纸和广播公司一度被认为是接近完美的企业，但随后出现的新的竞争形式以及上一次经济衰退让它们的光环褪去。这是个复杂的世界，到处都是竞争，越来越复杂，竞争越来越多。你所遇到的挑战是找到能在未来屹立不倒的一流公司，但同累积财富时期的巴菲特所遇到的困难相比，你在找到这样的公司上遇到的困难会更大。你能胜任这项任务吗？你必须成为像他们那样的投资者吗？

找到下一个沃尔玛、麦当劳或者盖普公司（Gap，美国著名服装公司）也绝非易事，失败的几率远大于成功。利用你自己的经验和直觉来选择优秀的投资是个不错的主意，这一主意应当应用于你所进行的每一项投资。你应当只投资在自己知道和了解的领域，只不过彼得·林奇是天才中的天才，当需要做出艰难的决定时，他知道和理解的东西似乎比你多。

另一方面，本杰明·格雷厄姆通过统计进行投资的方法，实际上只考虑到了个人投资者。一个高度分散的投资组合，如果其股票具有低市盈率和低股价/账面价值比率，仍然会产出出色的回报，且相对而言更容易效仿。格雷厄姆认为，如果你拥有20或30只这种通过统计方法找到的便宜股票，你无需进行广泛的研究，问题是你没有建立这样的投资组合。阅读研究格雷厄姆的书使我第一次对股市着了迷，直到现在我仍然一有机会就运用他所传授的方法，但是如果你愿意自己做些研究、定好自己的位，然后研究被别人忽视的领域，这样你所得的回报会比格雷厄姆那种被动式的投资方法好很多。

当今自己做研究甚至变得更加容易了。格雷厄姆时期完全无法得到的信息，或者只能从含糊其词的州报告、联邦报告中获得的信息如今随处可得。不久前，这些存在于公司递交给证券交易委员会（Securities and Exchange Commission，简称SEC）报告中的信息虽然可以获得，但很多仍看不到，这种情况直到近期才改变。在此之前，这种记录着企业非常规变动和事件的文件，可能成为你投资利润的来源，通常由私人公司提供，并对每份文件收取200美元至300 美元的费用。如今，这些信息可以通过互联网即时获得，你只需要打个电话——当然，前提是你依然愿意阅读这些信息。

对这些特殊的公司事件进行投资存在什么缺点吗？我即刻想到了两个缺点。

第一个缺点是：这需要做一些研究。好消息是，你会获得丰厚的回报。另外一个缺点可能对你没什么影响。尽管有些重大的公司事件可能会持续几年时间，但有些公司事件只耗时几个月。最佳投资机会通常是在公司事件或变革之前、之中，或紧随其后。投资机会的有效期可能会很短，因此你的持有时间可能也会很短。因为许多人可以获得长期资本增益，享有税收优惠（通过持有超过1年的投资），且很多人通过继续持有升值的证券而推迟兑现应课税收益，获得税收优惠。这样，与巴菲特、彼得·林奇和格雷厄姆的长期投资策略相比，投资公司非常规事件这样的持有期较短的问题会给投资者带来不利。幸运的是，你可以通过只投资于耗时几年的公司事件，或者投资于养老金、个人退休账户（IRA）或者其他退休账户来规避部分的劣势（合格的退休账户通常在经营时也无需担心税收问题）。

再说一点：多数人喜欢跟风，但以从众心理投资可不是优秀投资者的做法。尽管如此，你可能会惊喜地发现，投资正在经历组织变革的公司与巴菲特、彼得·林奇或者格雷厄姆的投资观念并不背道而驰。这些伟大的投资者都曾投资于这一领域。只不过格雷厄姆最关心的是将他的智慧传授给个人投资者，他感到，组建一只由统计方法找到的便宜股票所组成的投资组合，会是一种更能被多数投资者所接受的投资方法。巴菲特和彼得·林奇都在投资大量资金上遇到了问题，他们都管理着以数十亿美元计的资金，无法在这些投资情形中建立足够大的仓位，来对如此大规模的投资组合形成影响。尽管如此，只要你的资金规模不超过2.5亿美元，在这些投资情形中进行投资就不会有问题（当你拥有超过10亿的资金时，请给我打电话）。

那就卷起袖子准备大干一场，并打开你的思路——你将在股市的“迷离境界”[1]中经历一段狂野之旅。你将进入其他人害怕涉足的领域，或者至少是他们

---

① 迷离境界（Twilight Zone）：是指在某一段经济衰退期间，即使不少企业盈利持续下跌，但股价及股市不但没有受到影响，反而继续大幅飙升。

不知道的领域。当你进入这些基本上处在未知状态的领域，并发现深埋其中的秘密时，你最终将知道登上珠穆朗玛峰或者将国旗插在北极，或者在月球上行走的那些人有着怎样的感受了（也许这种感觉跟完成填字游戏差不多，我从来没做过这些事情，但我敢肯定，这种感觉也很棒）。

不管怎样，让我们开始吧，财富之路将在你脚下延伸！

第 3 章

公司分拆孕育投资机会

CHIPS OFF THE OLD STOCK：SPINOFFS，PARTIAL SPINOFFS，AND RIGHTS OFFERINGS

有许多理由可以解释为何一家公司可能会分拆自己的某些业务。当他们这么做时，应对此予以关注的理由事实上只有一个：你可以通过投资分拆而挣到大钱。实际情况令人大吃一惊。分拆出来的公司，甚至是进行分拆的母公司，股票表现一直都远比市场平均水平要好。

有一次我打赌输了，愿赌服输请他们去鲁提斯餐厅——全纽约最棒的意大利餐厅吃饭。当时我还没结婚，过得比较凑合，每天吃的是在没有切开的面包圈上加上一片奶酪（我自己的食谱，不是什么高级发明）。就这样，我去了这家餐厅，没准儿是世界上最好的餐厅，当然，肯定是纽约最好的餐厅了。我翻开菜单，这时一位穿着厨师制服的男士走了过来，我当时没有从他的穿着上认出来，他实际上就是这家饭店的老板兼厨师长，大名鼎鼎的安德烈·索内。

我傻乎乎地指着菜单上的一道开胃品问他："这道菜味道还好吗？"

"不好，它糟透了！"索内给出了这样的回答。

尽管他只是在开玩笑，但我确实明白了他的意思。菜单上的每道菜都是美食。选择鲁提斯餐厅就做出了口味上的选择，进来之后再点什么，只是在这基础上微调了。

在你看接下来的几章前，请记住这一观点。

在别人不感兴趣的地方寻找投资机会确实很了不起，但这还不够，你还得找对地方。

如果你预先选定的区域能让你在没有开始之前便取得了领先的地位（也就是投资世界中的"鲁提斯餐厅"），那么你实际上已经完成了最重要的工作了。你可能还是需要做出许多的决定，但如果你是从一份已经全是美食的菜单中点菜，那么不管你点哪道菜，让你吃的不爽的可能性都很小。

抓住分拆机遇

我们要说的第一个投资领域出人意料地不会引起兴趣。这个领域就是被公司所抛弃的"垃圾"资产，也就是所谓的"分拆"出来的新公司。分拆有多种形式，但最终结果都是一样的：通过成立一家具有独立法人资格、独立财务的新公司，一家企业将旗下的子公司、部门或者部分业务从母公司分离出来。大多数情况，被“分拆”出来的新公司的股票，通常会分配或者卖给母公司原来的股东。

有许多理由可以解释为何一家公司可能会分拆自己的某些业务。当他们这么做时，应对此予以关注的理由事实上只有一个：你可以通过投资分拆而挣到大钱。实际情况令人大吃一惊，分拆出来的公司，甚至是进行分拆的母公司，股票表现一直都远比市场平均水平要好。

一项由宾州州立大学完成的研究显示，在截至1988年的25年内，分拆出来的公司的股票在分拆后的前3年内，每年的表现超过同行以及标准普尔500指数约10%；母公司的股票表现也非常不错，在分拆之后的前3年内，每年的回报均较同行高了6%以上。很多研究也对分拆公司的前景得出了类似的乐观结论。

这些研究结果对你意味着什么呢？如果你认同长期内市场平均回报率约为10%的假设，那么从理论上讲，较市场平均水平高10%的回报率意味着你每年能获得20%的回报率。如果这些针对过去走势的研究在未来依然成立，那么只要买入近期刚刚分拆出来的公司股票，就能取得优异的回报了。也就是说，你不需要拥有特殊的才能或者工具，便能获得20%的年回报率。

但是，如果你愿意自己进行研究，那又如何呢？选中你看好的分拆出来的公司，应当能取得超过20%的年回报率，也就是说不只是买入所有的分拆出来公司的股票，或者随机买入这些股票。这是非常高的回报率了，看看所有人都崇拜的亿万富翁巴菲特吧，他也仅仅获得28%的年回报率（只不过他的这一回报率持续了40年）。那么有可能仅仅通过找到自己在分拆领域中的机遇，而取得同巴菲特这样的投资大家一样的回报吗？

你会说不可能，这里有些不对劲。首先，谁说分拆出来的公司的股票过去的表现会一直维持下去？第二，当每个人都知道分拆出来的公司的股票能够带来丰厚回报时，这些股票的价格会被推高至令超额收益消失的水平吗？最后，对于从投资分拆中取得超过20%的回报率，你确定你一定能找出最可能极其成功的新分拆出的公司吗？

你可真是多疑。分拆出来的公司的表现当然会继续超越市场平均水平，即使越来越多的人发现了，这些股票有着非常好的回报记录也是如此。至于为何你能选中真正的大赢家，这很简单，你之所以能做到这一点，是因为我将告诉你该怎么做。为了理解这一方法及其原因，让我们先从一些基本概念说起吧。

为何企业会在一开始的时候选择进行分拆？通常企业选择分拆的理由非常简单：

（1）通过分拆可以将不相关的业务分离出去，以便使独立出来的业务能更被市场欢迎。

例如，一家同时拥有钢铁和保险业务的集团企业，能够通过分拆其中的一项业务为投资者创造投资机会，投资者可以在该企业的保险业务和钢铁业务中任选其一。

当然，在分拆之前，一些保险投资者可能依然有兴趣买入这家集团企业的股票，但很有可能他们只会以折扣价买入（这反映出他们是“被迫”买入这家企业的钢铁业务的）。

（2）企业进行分拆的动机有时是：通过剥离“糟糕”的业务，使解除束缚的“优秀”业务能够进入投资者的视线。

这种情况同样可能对管理层有利，就像之前将两种不相关业务分拆的情况一样。“糟糕”的业务可能会过分地消耗管理层的时间和注意力。在分拆之后，每个独立企业的管理层，都能更有效地将注意力集中在自己的企业上。

（3）有时分拆也是给无法轻易卖出的企业的股东创造价值的方法之一。

有的时候，某项业务可能非常糟糕，以至于母公司无法以合理的价格为这项业务找到一个买家。如果分拆后的企业只从事一项不受欢迎的业务，且仍可以赚取一些利润，那么母公司可能会让这家分拆出来的新公司承担一些债务。通过这种方法，债务从母公司转移到了分拆出来的新公司内，从而为母公司创造出了更大的价值。

另一方面，即使一项业务真的糟透了，它可能会从母公司那里获得额外的资金，只有这样分拆出来的新公司能够自食其力，母公司才能与其分离。

（4）税收因素也会影响企业做出分拆还是卖断的决定。

如果想要退出有着较低课税标准的业务，分拆也许是能够使股东利益最大化的最好方法。如果满足国税局（IRS）的一些标准，分拆能够成为一项免税的交易，企业和股东都无需为分拆出来的企业的股票分配支付税收。

现金出售同一业务或者子公司的所得，会以分红的方式分配给股东，在许多情况下，企业的收益为应课税收益，股东的股息分红也需纳税。

（5）分拆可能会解决战略问题、反托拉斯或者监管问题，为达成其他交易或者实现目标铺路。

在收购案中，有时收购方不希望购买被收购公司的某项业务，或者是出于监管原因不能购买某项业务。在两家公司并购之前，被并购公司通常会通过将这项业务分拆给自己的股东来解决这一问题。

有时候，一家银行或者保险子公司，可能会使母公司或者子公司遵守不希望遵守的规章制度。分拆受管制的业务能够解决这一问题。

这样的原因还有很多。然而，有意思的是，不管进行分拆时最初的动机是什么，新分拆出来的公司的股票，往往能轻易地战胜市场。为何应该是这样的？为何这种情况应该还会持续下去？

你很幸运，这一问题的答案是，从实践的角度来看，从分拆出来的公司的股票中获取超额利润自有其体系。分拆过程实际上是一个将股票分配给错误的人的无效方法。一般来说，新分拆出来的公司的股票不是卖给股东，而是送给股东的，多数情况下这些都是还在投资于母公司的股东。因此，一旦分拆出来的公司的股票分配给了母公司的股东，这些股票往往马上会遭到抛售，不管其股价或者基本面价值如何。

这种最初出现的供应过剩必定会给分拆出来的公司的股价带来相同的影响：股价经常受到打压。一般看来，精明的机构投资者也加入了抛售的行列。分拆出来公司的规模常常远远小于母公司，可能仅为母公司的10%或者20%。即使一只养老基金或共同基金花时间研究了分拆出来的公司业务，这些新公司经常因为规模太小，而不符合机构投资组合的要求，机构投资者的投资组合只能购买那些市值大得多的公司。

许多基金只能购买标准普尔500指数中的指标股，这一指数中囊括的都是这个国家最大的公司。如果标准普尔500指数中的一家公司分拆了一个部门，你可以确定，当这一部门被分拆出来之后，这一新公司的股票马上就会面临巨大的抛压。这是否是一种愚蠢的行为？是的。可以理解吗？也许。为你买入价格低估的股票创造了机会？毫无疑问。

投资分拆出来的公司的股票之所以能有这么好的回报的另外一个理由是，尽管有其缺陷，资本主义仍然在起作用。当一项业务及其管理层脱离了大型母公司后，一直受抑制的企业力量获得了释放，责任、义务，以及更直接的激励因素都开始自然发展。在分拆之后，股票期权都能更直接地补偿给每项业务的管理层，不管这些期权是分拆出来的公司还是母公司发行的，分拆出来的公司以及母公司都能从这一薪酬激励制度中受益。

在宾州大学的研究中，从分拆出来的公司的股票中获得的最多的利润并不来自于分拆后的第一年，而是第二年。这可能是因为，分拆出来的公司的股票可能需要花一整年时间才能消化掉最初的卖压，之后才会取得最佳的表现。尽管如此，另一个更有可能的解释是，管理层所做出的许多调整，以及他们的积极性开始起作用需要时间，且市场认可这家分拆出来的公司也需要一定的时间，直到这时，才会表现在股价上。不管原因是什么，这些结果都表明，当企业进行分拆时，你有足够的时间进行研究，并从投资分拆出来的新公司中获利。

我想谈最后一点想法，关于分拆的过程为何会给分拆后的新公司和母公司股东带来丰厚回报：**大多数情况下，如果你研究了隐藏在分拆决定背后的动机，你会发现其根本其实是管理层和董事会希望增加股东价值**。当然，因为这是他们的工作和职责，原则上，管理层和董事会所有的决定都应当以此为出发点。尽管应当如此，但这并不意味着他们一直都会这么做。

可能这就是人的本性或者是事物的客观规律吧，多数经理人和董事会一直以来都希望扩大而不是缩小自己的帝国、领域和影响力。也许这就是为何会有如此多的并购，为何会有许多失败的并购案例，尤其是对那些核心竞争力以外的业务的并购。也许那就是为何许多企业不断扩张的原因（这让我想到航空公司和零售商），即使如果不扩张的话，他们可能会给股东带来更多的现金回报。一开始的时候，并购或者扩张的动机可能有些混乱；然而，分拆的动机通常都很明确。资产的剥离以及影响力的丧失，所有这些都是为了股东能够在分拆之后获得更好的回报。

讽刺的是，失败的并购案的策划师很有可能最终通过分拆来解救自己，但愿他们选择分拆是以股东利益为核心的一种表现。在任何一个案例中，对分拆出来的公司或者母公司的股票进行投资，通常会组成由高度以股东利益为核心的公司股票组合。

选股要优中选优

只要你相信分拆出来的公司的股票是寻求股市利润的诱人狩猎场，接下来你需要知道的是，如何你才能胜算更大？什么样的特征和情况意味着某项分拆所获得的收益可能会好于其他分拆？你该寻找什么？难度有多大？

你无需使用特殊的公式或者数学模型便能找到真正能带来丰厚回报的目标，只要具备逻辑、常识，以及些许的经验就足够了。这可能听起来像是陈腔滥调，但讲的确实是实话。多数职业投资者甚至不会考虑投资任何的分拆，他们要么有太多的公司要跟踪，要么只投资有着特定规模或某一类型的公司，或者他们只是不愿费心去分析这种重大的公司事件。正因为如此，你只要对每个分拆中的机会稍加思考，便能获得巨大的优势。

难以置信是吗？让我们来看一些案例以帮助你们理解。

| 案例分析1：万豪集团 |

让你获利的“有毒资产”

在20世纪80年代中期，万豪集团（Marriott Corporation）迅速扩张，建造了大量的酒店。然而，他们最大的利润来源并非他们拥有的酒店，而是从管理他人拥有的酒店中收取的管理费。他们的策略是建造酒店，然后出售，但与这些酒店签署高价管理合约。这一策略基本上非常成功。当90年代初房地产行业的各个领域都陷入困境时，万豪集团也未能幸免，满手都是无法售出的酒店，并因建造这些酒店欠下了数十亿美元的债务。

时任万豪集团首席财务官的财务高手史蒂芬·博伦巴克（Stephen Bollenbach，现为希尔顿饭店集团的首席执行官）想出了一个高招。博伦巴克刚刚帮助唐纳德·特朗普（Donald Trump，美国地产之王，商界不死鸟）的赌博业务起死回生，他为万豪集团找到了一条出路。万豪集团公开交易的债务中的金融契约条款允许它分拆旗下利润丰厚的管理合约业务（更准确的说是没有对此作出限制），这项业务收入丰厚，但硬资产极少。博伦巴克的分拆计划是一分为二，将所有无法出售的酒店房产及低增长的特许经营权业务保留在万豪服务（Host Marriott）这一家公司，并承担公司几乎所有的债务；将抢手的管理服务业务分拆进一家名为万豪国际（Marriott International）的新公司，而且这项业务几乎没有任何债务。

根据计划，博伦巴克会成为万豪服务公司的新首席执行官。此外，将要求“优质”资产的万豪国际给万豪服务公司提供6亿美元的信用额度，以帮助后者满足在流动资金方面的需求。而拥有万豪集团25%股份的万豪家族，将继续持有万豪国际和万豪服务公司共25%的股份，这笔分拆定于1993年年中完成。

请记住，无需进行大量研究便能知道这一切。当万豪集团最初在1992年10月公布分拆计划时，我从《华尔街日报》（以及其他主流报纸）上获得了所有的这些背景资料。光从报纸上看到的这些基本情况就足以让我非常兴奋了。在这个一劳永逸的解决方案中，一家优秀的酒店管理企业最终将剥离数十亿美元的债务以及一大堆没法卖出的房地产资产。当然，在成立了万豪国际这一新公司之后，肯定会出现一些“有毒资产”。

很明显，我感兴趣的正是那些“有毒资产”。“谁会希望拥有这些东西呢？”我就是这么想的。机构、个人都不希望拥有这些东西，在分拆之后，母公司可能牢牢抓着新成立的万豪服务公司不放。卖出压力会非常巨大，我会是唯一一个希望购买这些价格便宜股票的人。

现在，当你与人讨论投资时，几乎每个人都宣称自己是“逆向投资者”，也就是说他会做出与众人和传统思维截然不同的举动。如果根据定义，每个人都不是逆向投资者。虽说我是一名逆向投资者，与众人不同，但这并不意味着因为没有人会冲向一辆疾驰的马克大卡车，我便会冲向它。**逆向投资的真正意义在于：当我对某个事件进行研究之后，我会不顾舆论的压力，遵循自己的想法采取行动。**

分拆完成后，几乎所有人都将卖出万豪服务公司的股票，这本身就意味着这只股票将成为逆向投资者很好的购买目标。毕竟众人有可能是对的，万豪服务公司可能就是那么烂：一辆装满了卖不出去的房地产和巨额债务的“马克大卡车”。另一方面，除了表面上明显让人无法提起兴趣的一些情况外，这家公司其他的一些情况让我愿意继续深入研究下去，甚至让我感到有些兴奋。

事实上万豪服务公司拥有的许多特征，都是我在寻求分拆投资机会时希望看到的。

（1）机构不想要它

机构或养老基金不希望拥有万豪服务公司的股份（并不是基于对投资优势的考虑），我觉得有几个理由。我们已经提到了巨额的债务，以及许多不受欢迎的房地产资产。当考虑投资优势的时候，这些理由使他们不会愿意拥有万豪服务公司的股份。然而，在1992年10月宣布分拆计划之后，有关万豪服务公司的信息披露非常少。在早期阶段要想作出正确的投资判断，究竟应该获得哪些深度的信息呢？

尽管在报纸最初的报道中，万豪服务公司看起来非常糟，多数的机构都会打消继续对这只新股票进行研究的念头。在分拆完成之前，肯定会披露大量的信息（预计分拆过程需要9个月左右），我一定会关注这些信息，首先，我想看一下万豪服务公司是否真的有那么糟，其次是因为我发现几乎没有人会看这些信息。

机构投资者不打算持有万豪服务公司股票的另外一个原因是，这只股票的市值太小，就这个规模毫无投资优势可言。根据最初的新闻报道中一些分析师的说法，万豪服务公司只占原来公司总价值的10%~15%左右，其余的都将分拆给公司的优质业务，即万豪国际公司。总市值只占万豪集团最初20亿美元总市值的一小部分，但却拥有巨额负债，这只股票的规模可能不会适合万豪集团多数的老股东。

此外，万豪服务公司的业务与大多机构投资者当初购买万豪集团的股票时所看重的业务不同。万豪服务公司将拥有酒店资产，而最吸引万豪集团的投资者的业务是酒店管理业务。尽管商业地产和酒店也能成为一项不错的业务，但万豪集团的多数股东都已经投资了其他公司的酒店业务，他们可能会卖出自己所获得的万豪服务公司股票，这是他们卖出股票的理由，而不是从具体的投资优势角度来进行考虑，从而为你创造买入机会。

（注：万豪集团的案例之所以特殊，是因为实际上被看作分拆出来的新公司的是万豪国际，哪怕是从技术角度来看也确实如此，其股票市值占到了原来公司的绝大多数。举这个案例的目的是想从其他方面更准确地分析这个案例，如果将市值仅占万豪集团最初市值10%~15%的万豪服务公司看成是分拆出来的新公司的话，将有助于更好地理解这一案例。）

（2）内部人士要买它

当挑选分拆出来的新公司时，内部人士的态度是关键因素之一，在我看来，也是最重要的因素。分拆出来的新公司的经理人所获得的奖励是否与股东利益一致？他们未来的薪酬大部分是来自股票、限制性股票，还是期权？当所有有关分拆出来的新公司的公开文件披露之后，通常我会首先看一下这方面的内容。

在万豪服务公司的案例中，最初的一些新闻报道引起了我的注意。作为这一分拆方案的策划者，博伦巴克将成为万豪服务公司的CEO。当然，报道还提到，他刚刚才帮助困境中特朗普的酒店和赌博帝国起死回生。从这个角度来看，他似乎对这项工作非常在行。引发我思考的事情是：作为成功挽救了一艘下沉的轮船的大功臣（通过将所有有问题的房地产和巨额负债分拆出去），他不应该自告奋勇地从安全的轮船（万豪国际）跳上正在下沉的救生艇（万豪服务），这么做没有道理。

如果那样，事情就会是这样的："好主意，博伦巴克！你真的已经救了我们一命！现在，既然你已经将那些房地产和负债都扔下了船，为何你自己也不靠边站呢！快点吧。如果你愿意，乘坐那艘忽上忽下的救生艇吧。恭喜！再见！”

也许事实确实会如此。但我想，更有可能的是，万豪服务公司也许并非无可救药，在丰厚的激励制度下，博伦巴克将让这家新公司取得成功。当文件递交给美国证券交易委员会之后，我一定会查查他的薪酬方案。给予的股票激励越多，情况会越好。此外，在分拆之后，万豪家族仍拥有万豪服务公司25%的股份。尽管这项分拆的主要目标是为了将万豪国际从负债和房地产包袱中解放出来，在分拆完成之后，万豪服务公司股票的上涨仍会令这一家族从中受益。

（3）分拆创造或暴露潜在的投资机会

这可能意味着分拆会暴露一家优秀的企业，或者一只令人满意的便宜股票。即使如此，在万豪服务公司的案例中，我注意到了另外一个不同的投资机会：大量的杠杆。

如果最初的媒体报道中所引用的分析是正确的，那么万豪服务公司的股票价格可能为3~5美元，但这家新公司每股负债将为20~25美元。就这一案例而言，我们假设万豪服务公司净资产为每股5美元，每股负债为25美元，这意味着万豪服务公司的总资产约为30美元/股。因此，如果万豪服务公司的总资产增加15%，股价就会翻番（0.15×30=4.5美元）。如果能取得这样的回报，那就太棒了。如果总资产减少15%会怎么样？请不要有这样的疑问。

我非常怀疑万豪服务公司会因为这次重组而灰飞烟灭这一观点，至少不会马上出现这种情况。我所知道的是，万豪服务公司所有的新股东，尽早在市场上抛售这只股票的理由都很充分：虽然这家新公司背负巨额债务，债权人、雇员以及股东可能会提起诉讼，但我不相信分拆方案的结局是万豪服务公司迅速灭亡。其他一些事实也支持了我的这一观点，如拥有“优质资产”的万豪国际将给万豪服务公司提供最高6亿美元的信用额度，万豪家族将拥有万豪服务公司25%的股份，而且博伦巴克将领导这家新公司，似乎这家公司的存在以及繁荣对所有人都有利。在进行了这些更深入的研究之后，我发现，因为这家新公司具有如此高的杠杆回报，它就具有了令人激动的胜算可能。

不管你信不信，这种情况很常见，在许多分拆案例中都有使用大量杠杆的特征。**请记住，公司选择分拆某一业务的主要理由之一是：希望能从它认为无法卖出的业务中获得价值。要想从分拆出来的公司中获得价值，还有什么比将母公司的债务卖给分拆出来的新公司更好的方法呢？转移至分拆出来的新公司的每一分债务，都将转变成母公司的价值。**

分拆的过程就是创造拥有非常高杠杆的新公司的过程。市场可能会对这些分拆出来的新公司中5美元、6美元甚至是10美元/股的负债给出1美元/股的估值，你最大的损失也就是1美元。个人投资者无需为企业的负债负责。与投资这样的公司所承受的风险相比，当你所投资的是拥有大量杠杆回报的分拆出来的新公司时，谨慎的推理以及出色的研究工作，给你所带来的收益将是风险的许多倍。

如果刚才还不够清楚，我再说一遍：我们已经为投资万豪服务公司的股票创建了一个非常切实可行的投资主题，或者说我们认为投资这只股票是理智的行为。现在总结一下，万豪服务公司的股票会成为一项出色的投资是因为：

◎ 多数头脑清晰的机构投资者会不假思索地卖掉他们所获得的万豪服务公司的股票，这有望创造出便宜的股价；

◎ 有更多的研究表明，一些关键的内部人士似乎因认为万豪服务公司会取得成功而进行了投资；

◎ 如果万豪服务公司最终因某些原因而变得较开始时更具吸引力，高杠杆会扩大我们的回报。

如果事情的发展符合我们的预期，幸运的话，我们从中获得的回报率将高于投资分拆时所取得的平均回报率。

那么，结果如何呢？同预期的一样（也是我们所希望看到的），许多金融机构都以低价卖出了他们手中的万豪服务公司的股票。根据证券交易委员会的文件，内部人士进行了大量的投资，新公司中有近20%的股份用于激励管理层和员工。最后，万豪服务公司的负债将多数人引向了另外一个方向，但对我们而言这可能是个机会。结果显示，它的这些债务较最初在报道中所看到的要更具吸引力。

因此，结果会怎样呢？我想，结果非常好。万豪服务公司的股票（也被称为“有毒资产”）在分拆之后的4个月内上涨到了原来的近3倍。如此优异的成绩来自于对其他人都绝望的情形的研究。你准备放弃吗？要考虑的事情太多了？工作量太大？受不了那些潜在收益了？也许你可能会想学更多的东西。

挖出埋在地下的宝藏

到目前为止，我们实际上只讨论了通过看报可能会发现有趣的现象，虽然刚才只是进行了描述。现在，我们将略微深入一点。你将在不可思议的投资研究世界中，经历一次头晕目眩的旅程，并看完数百页的公司文件和证券交易委员会堆积如山的报告。

惊慌失措了吗？请深吸一口气。你无需辞掉自己的工作。当然，你可能需要做一些研究，需要有一些侦探技能，你需要看这些资料，但这些工作并不费力。就把它想象成是在挖宝吧，开始隐约看到一件小宝物时，没有人认为自己是在挖土：插入铁铲，用脚踩铁铲，然后将泥土抛在身后。当你正在“挖掘”眼前令人兴奋的目标时，任务的性质将彻底改变。这种思维方式同样适用于这里。

从本质上讲，这项工作可以分成简单的两个步骤。

第一，找到你认为藏有宝藏（也就是盈利机会）的地方。

第二，在你找到地点之后（最好是能画个大记号），接下来便开始挖掘，也只有在这个时候才可以开始挖掘，没有必要到处乱挖（否则毫无乐趣可言）。

现在你应该已经准备好继续了。你现在正在能够获得丰厚利润的领域内进行勘探：这一领域就是分拆出来的新公司。你有一个貌似有道理的投资主题，它可能会帮助你取得较投资分拆所获得的平均回报更高的回报率。现在到了该挽起你的袖子，并做一些调查的时候了。对吗？对的，确实如此，只是不要太快。

在万豪集团的案例中，分拆方案早在1992年10月份便已经公布了。尽管在方案实施的几个月内，媒体对这笔交易进行了铺天盖地的报道，证券交易委员会有关这笔交易的报告直到第二年的6、7月份才公布。真正的分拆直到9月底才开始，大约和最初公布方案的日期相隔了将近一年。尽管分拆过程很多时候只需要6~9个月，但有些案例可能会超过一年。

如果你没有耐心，且喜欢速战速决，你可能不适合等到整个分拆过程都结束。赛马比赛在洛杉矶从来都没有取得过成功，因为多数赌客不愿为输钱等上2分钟。其他许多地方都有着相同的结局，只是更为迅速。

金融市场也被认为适合于那些更喜欢立即获得满足感的人。另一方面，有时间进行思考，可以根据自己的节奏在方便时进行研究，且无需担心通信科技所取得的最新发展，这些都让普通的非专业投资者（散户）具有明显的优势。此外，一旦你已经花了一年时间在《华尔街日报》（或者其他数不清的财经刊物）中寻找有趣的投资于分拆的机会，那么至少会有一两个你之前看到过的、有可能进行投资，而且现在需要进行深入研究的公司，这些公司之前已经公布了分拆计划，并且具体实施日期也快到了。

事实上，我们这里就要提另外一个案例了。

| 案例分析2：百力通公司 |

股权激励计划的秘密

1994年5月，百力通公司（Briggs & Stratton）宣布将分拆旗下的车锁部门。这是一家天然气发动机（多数用于户外发电设备）生产商。分拆日期定在1994年年末或1995年年初。车锁部门（后来的名称改为“思创铁克安全公司”）的规模很小，只占百力通总销售额和利润额的不足10%。

因母公司百力通的市值超过10亿美元，百力通的股票是标准普尔500指数中的指标股，一旦思创铁克的股票分配给了百力通的股东，这些股票可能会马上成为机构投资者主要的抛售对象。这不仅仅是因为新公司生产轿车和卡车用车锁的业务与百力通的小型发动机业务毫无关系，还因为新公司的市值低于1亿美元，这一规模完全无法满足百力通多数老股东的要求。

尽管思创铁克安全公司具备典型的分拆投资机会的特征，这项业务依然没有引起人们的关注，直到1994年11月份，当时公布了一份被称为证券交易委员会Form 10的报告。一般说来，这是一份包含了分拆出来的新公司许多相关信息的公开文件。当分拆出来的新公司只占母公司很小比例的时候，就需要编制一份Form 10报告，规模较小的分拆无需进行股东投票。如果分拆出来的新公司拥有母公司主要的资产，那么需要准备一份代理文件，股东需要对提议中的分拆进行投票表决。代理文件中的内容包含了Form 10报告中许多相同的内容。（现在不用费神做笔记，我们将在第7章中详细介绍如何获得这些形形色色的文件和代理文件。）

然而，直到1995年1月公布了修订后的Form10报告之后，才真正可以对这一案例进行研究。这份报告补充了最初的Form 10报告中没有提到的细节，并填补了初次报告中的空白。这份文件表示将在2月27日分配分拆出来的公司的股票。在这些文件公布之后，我的第一步就是查看这家公司的内部人员（指关键的管理人员或控股股东）将做些什么，我在公司介绍后的第一页便看到了好消息。在“分配理由”一节中，百力通的董事会披露了进行分拆的主要理由。董事会的动机很具代表性：为了“把‘思创铁克安全公司’看成独立的上市公司，而不是百力通公司一项无法区别的业务，并根据该公司的经营和表现的价值以及股票的表现来给关键员工提供奖金”。

根据这部分内容，新公司超过12%的股票将留给为公司官员和雇员所提供的股权激励计划。尽管在外部观察人士的眼中，此等规模的股票激励计划可能看起来非常慷慨，就我而言，董事会所提出的激励计划越慷慨越好，只要他们采用了股权或者限制性股票的形式。

事实上，诱人的投资情形都有一个共同的特征，即管理层和雇员都在激励机制下以公司所有者的身份进行行动。如果法律赋予高级行政人员和关键职员最低的所有权比例，投资者可能会获得更好的回报。这种情况不仅政府干预可能性很小，而且不明智，但通过坚持投资像思创铁克这样的公司而实现这一目的，这类公司的管理层只有在股东获利的情况下才能获得自己的利益。

除了考察公司内部人士的立场外，通常需要在Form 10报告、代理报告或者其他类似文件的前几页上花一些时间。这几页上是一个详细的目录，用5~8页概述了之后100多页中包含着哪些内容。你可以在这几页中标出自己感兴趣的章节，并选择性地详细研究其中的某些内容。坦率地讲，即使是重新放映的电视连续剧《盖里甘的岛》[①]也要比一页一页地阅读整个代理报告或者Form 10报告更有吸引力，因此，选择是关键。这些文件中，不仅包含着有关内部人士各种各样的经济利益的内容，而且在这些冗长的报告中，还包含着分拆出来的新公司的暂编报表和资产负债表（暂编报表告诉我们，如果这家新成立的公司在几年前便已经是独立的企业，它在这些年中的资产负债表和损益表应该是怎么样的）。

根据从Form 10报告的概述章节中所看到的暂编损益表，我发现思创铁克截至1994年6月的这一财年的每股收益为1.18美元。在减去一些一次性的支出之后，在截至1994年12月的这6个月中，其每股收益将比1993年同期增加10%。获得了这些信息之后，我试着搞清楚当这只股票于1995年2月底开始交易时，它合理的价格应该是多少。

作为一家主要生产车锁的企业，根据逻辑推理以及Form 10报告中所显示的信息，思创铁克属于汽车行业中的原始设备制造商（OEM）类企业。下一步合理的行动，就是找出同行业中多数企业的股价是收益的多少倍。这很简单，如果所有汽车行业中的OEM供应商股价相当于年收益的10倍（也就是说市盈率为10倍），那么思创铁克股票的合理价格可能为11.80美元/股（1.18美元乘以10）。

在本书后面的内容中，我们将谈到几个能够为确定股价提供所需信息的来源。在这个案例中，我使用了《价值线》杂志，因为这本杂志随手可得，且使用方便。《价值线》中的内容是根据行业来编排的。在行业类别中的“汽车配件（原始设备）类”，我能够确定，与思创铁克属于同一行业类别的股票的平均市盈率大概为9~13倍，这意味着思创铁克合理的股价可能在10.62（用1.18乘以9）~15.34（用1.18乘以13）美元之间。如果我再乐观点，因为思创铁克在1994年下半年中的收益增长了大约10%，也许将其股价的合理范围调高10%可能也是合适的。

尽管这些分析都非常出色，然而，除非思创铁克的股票开始交易时的价格因密集的抛压而仅为6美元或7美元，否则我不会从上面的讨论中发财。此外，

---

①《盖里甘的岛》（*Gilligan's Island*）：一部古老的电视剧，1964年到1967年由CBS播出，至今还在回放。

我不是很了解思创铁克所在的行业，但我确实知道一件事：为汽车生产商提供配件的供应商通常被看作是无价值的企业。当然，如果我真的决定购买思创铁克的股票，巴菲特是不会与我竞争的（通常巴菲特甚至不会考虑投资市值小于1亿美元的公司，而在这个案例中，这家公司的总市值将低于1亿美元）。

当看了了“公司业务”章节中的几页内容之后，我看到了一件有意思的事情：思创铁克是到目前为止通用汽车最大的车锁供应商，对通用汽车的车锁销售收入占到了思创铁克总收入的50%左右，而克莱斯勒的车锁几乎都是由思创铁克提供的，思创铁克超过16%的销售收入源自于这家汽车生产商。根据这一点，我猜思创铁克肯定在生产车锁方面非常专业。尽管如此，另外一条信息引起了我浓厚的兴趣。

文件中写道:“根据当前的产品承诺,如果这些承诺都能如期实现,我公司(思创铁克）相信，福特汽车将在1996财年期间（截至1996年6月底）成为我们的第二大客户。”文字的形式虽然不像早期《蝙蝠侠》电视剧中的“重拳出击！大获成功”标语般醒目，它依然对我产生了相同的震撼力。因为到目前为止，这家公司所有的收入和利润都不包括对福特公司的销售，福特的车锁订单将超过全部使用该公司车锁的克莱斯勒。

因为克莱斯勒是思创铁克安全公司当前的第二大客户，对该公司的车锁销售占到了思创铁克总销售收入的16%，因此有理由相信，如果福特取代了克莱斯勒成为该公司的第二大客户，那么对福特公司的车锁销售将远超过总销售的16%（因为通用汽车是思创铁克的第一大客户，车锁销量占该公司总销售量的50%左右，对福特汽车的车锁销售肯定会低于这一水平）。简而言之，这则非常有意思的信息应能大幅提高思创铁克的价值。我希望在我能以便宜的价格买入这只股票之前，这条信息不要反应在思创铁克的股价之中。

从定性分析的角度来看，其他一些因素也使得思创铁克看起来很诱人。到目前为止，思创铁克是车锁行业的龙头老大。鉴于它获得了通用公司大多数的车锁订单以及克莱斯勒所有的车锁订单，思创铁克似乎拥有一个非常强大的细分市场。因此，来自于福特汽车的车锁订单也意味着思创铁克产品的质量和价格值得信赖，我发现其他多数用于比较的OEM公司都不具备像思创铁克那样的市场地位。所有这些因素结合在一起表明，思创铁克的股价市盈率处在行业范围上限可能是合理的。

当然，我不会以市盈率处在行业上限的价格购买我所看中的股票，不管这样的估值是否合理。然而，如果有可能以市盈率处在行业下限的股价购买到思创铁克的股票，在没有考虑到福特汽车成为公司新业务的情况下，这可能会成为一笔非常诱人的投资。

结果如何呢？在思创铁克的股票开始交易的几个月中，股价都在10.5~12美元区间内波动。很明显，这一价格处在行业估值下限，而且还没有考虑到以下几个因素：

（1）来自于福特汽车的订单；

（2）思创铁克拥有的细分市场远强于其他同行；

（3）近6个月来该公司的利润增长了10%。

简而言之，可以轻而易举地以非常诱人的价格买到思创铁克的股票。在1995年年底时，思创铁克的股价为18美元，也就是说在不到8个月的时间内获得了超过50%的回报。还不错，幸运的是，这一回报率来自于一个普普通通的分拆。

好吧，我知道你现在在想什么。钱确实是好东西，但汽车配件非常枯燥！没问题。你可以拥有这一切，包括金钱和激情，因为我们接下来将探索家庭电视购物的奇妙世界！

丨 案例分析3：家庭购物网络公司 丨

商誉隐藏价值

我没有想到自己在家庭电视购物世界中的探索旅程会如此充满激情。每调3个台，我就会看到有一个台在推销瓷器狗或者其他一些无用的商品。虽然我的房子内遍布这些可笑的发明和小玩意儿，且多数是出于顾全面子的原因而添置这些东西的，但我不是他们的客户，我真不知道有谁会买这些东西。因为20世纪80年代家庭购物网络公司（Home Shopping Network，简称HSN）的股价出了名的高，我从来没有把这家公司看成是一个潜在的投资机会。

《美国财经杂志》(*Smart Money*)在1992年4月创刊号中的一篇文章改变了我的这一想法。在这篇题为《90年代的10只股票》的文章中，他们推荐的股票之一便是HSN。这篇文章的基本前提是，通过研究20世纪80 年代最为成功的股票所具备的特征，然后预测出在90年代能够取得最好表现的股票名单。有几个理由可以解释为何他们所推荐的HSN会引起我的注意。

(1)编制这份名单时所使用的多数选择标准是格雷厄姆的价值标准(低市盈率，或者低现金流量比率，低价格与账面价值比等)。让人感到意外的是，此前价格高高在上的HSN已经跌到了足以被看成是价值股的水平了。

(2)HSN的股价仅略高于5美元。尽管股价仅为个位数，就其本身而言，这样的价格并不代表着什么，但许多机构投资者不喜欢购买股价低于10美元的股票。因为在美国，多数公司希望自己的股票能够在10~100美元区间交易，多数情况下，一只低于10美元的股票便失去了人们的宠爱。因为这样的价格意味着市值较低，股价大幅下跌的股票天生不受欢迎，经常可以在这些股价为个位数的股票中找到机会，因为人们往往不会充分分析这些股票，或者被不恰当的人所拥有，最终导致定价错误。

(3)HSN之所以看起来拥有不错的潜力，是因为它拥有分拆概念。根据这篇文章,HSN打算分拆其广播资产，“以改善盈利质量”。也就是说，我会查明这些广播资产，似乎母公司HSN和分拆出来的新公司银王广播公司(Silver King Communications)都值得研究。

根据1992年8月份递交的Form 10报告,HSN的管理层在“分拆理由”中称：

管理层相信，金融界和投资界均没有完全理解如何评估HSN的价值，原因之一是,HSN既是一家以零售业为主的公司，又是一家广播公司。零售公司的价值通常根据每股收益来评估，而广播公司的价值通常根据现金流来评估。如果将HSN公司归类为零售公司或是广播公司，可以用一种单一的评估法来评估其价值，但实际上综合使用两种评估法来评估其价值可能更合理。例如，电台广播资产的大幅折旧以及摊销成本会导致对HSN零售业务，也就是以零售业务为主业的HSN公司的估值大幅打折。HSN公司的董事会相信，HSN公司和广播公司的分离能够允许潜在的投资者更好地理解每家公司的业务，并可能会吸引越来越多的投资者对这两家公司产生兴趣，并进行分析。

报告显示，为了扩大其家庭电视购物业务的覆盖范围，早在20世纪80年代，HSN就收购了12家独立的UHF电视广播台。根据证券交易委员会的这份文件，这些电视台覆盖范围约为2750万户家庭，“是美国所有独立电视广播集团中最高的覆盖率”。唯一的问题是，HSN在购买这些电视台时付出了高昂的代价。电视台通常拥有的资产不多，它们的价值来自于广告收入（在HSN的这个案例中，这是一家不停播放广告的商业电视台），而不是播放节目的那些广播设备。

不幸的是，高价收购那些依赖相对较少的固定资产和运营资本来创造利润的企业，通常会导致收购方的资产负债表上出现巨额的商誉。当收购价格超过了被收购公司可辨认资产（即那些可以被辨认的资产，如广播设备、接收器和节目制作权）的价值时，商誉便开始增加。这些超出可辨认资产价值的价格部分，必须在一段时期内进行摊销（这一支出类似于工厂和设备的折旧）。同折旧一样，对商誉的摊销，也是一项应从所公布的盈利中扣除的非现金类支出（参见第7章对这些费用的解释）。

因为广播资产是价值与使用资产多少没有多大关系的典型例子，通常以现金流来评估广播公司的价值（还得在盈利中加上属于非现金支出的折旧和摊销），而不是根据公布的盈利来进行评估，而零售公司则根据盈利来进行评估。HSN在递交给证券交易委员会的报告中宣称，找到一个都适合这两家公司的盈利指标（市盈率）非常困难。根据这份报告，零售业务应当根据市盈率来进行评估，而广播业务应当根据现金流来进行评估。

快速翻阅一下银王广播公司的损益表就能非常清楚地看到这一点。银王广播公司最近一年的经营利润超过400万美元，然而，其现金流总额却超过了 2600万美元（400万美元的经营利润+2200万美元左右的折旧和摊销）。因为无需经常更换广播设备，对新厂房和设备的资本支出仅为300万美元左右。这意味着在减去利息和税收之前，银王广播公司从其经营中获得的实际利润为近2300万美元现金（400+2200–300，如果你对此感到有些困惑，可以参阅第7章中描写现金流的内容）。

当然，你光看利润数据无法知道HSN的广播业务会产生如此多的现金。广播资产只产生了 400万美元的经营利润，但正如我们之前已经看到的，这些资产为HSN提供了超过2600万美元的经营现金流。因为HSN发行在外的股票超过8800万股，在分拆广播资产之后，400万美元的经营利润意味着每股的经营利润仅仅减少4.5美分。但请打住，事情没有这么简单。

根据递交给证券交易委员会的文件，HSN打算在分拆过程中将超过1.4亿美元的债务转移至银王广播公司。因为这些债务的利息率为9%，这意味着HSN公司每年减少支付的利息将超过1260万美元（0.09 × 1.4亿美元）。结果是，在华尔街的眼中，分拆广播业务之后，HSN的业绩会更好！这是因为在分拆之后，报告中的税前利润将增加860万美元左右，分拆之后虽然少了 400万美元的经营利润，却节省了利息支付1260万美元，这些费用现在由银王广播公司来承担。

当然，鉴于HSN电视台业务拥有强大的产生现金的能力，我们不能从这个角度来看待这起分拆。但那是HSN的观点，他们相信，投资者没有将电视台业务的价值计算进HSN的股价中。事实上，考虑到在收购这些电视台时背负了债务，投资者可能一直都在排挤这些资产（因为HSN在购买这些电视台时大举融资，投资者可能在评估股价的时候减去了高昂的利息成本，同时只看到了 400万美元的经营利润，而没有看到所有的那些现金流）。

所有这一切都意味着这家公司的分拆隐藏着机会。很明显，研究银王广播公司的人很少，且人们都未能正确地理解这起分拆。银王广播公司的资产负债表上将增加超过1.4亿美元的负债。同股东在HSN中所拥有的股份价值相比，分拆出来的这家公司的价值相对较小，这将使那些股东认为持有这家新公司的股份是不合适的，或者持有不持有都无所谓（在分拆时，公司给出了1∶10的分配方案，即持有10股HSN股份的股东只能获得1股银王广播公司的股份）。此外，银王广播公司所处的行业与母公司的股东原先所喜欢的零售业截然不同。也许最重要的一个因素是，银王广播公司正在产生多数为HSN的股东所拥有的大量现金，而那些获得银王股份的股东不可能知道这一点。

投资机会并非就到这里。作为母公司的HSN同样也值得一看，因为根据报告中的利润而购买了股票的投资者，不可能对公司的广播业务给出多高的估值，也许HSN的股票在分拆之后不会跌很多。如果事实果真如此，那么分拆后的公司和分拆出来的新公司的总价值会超过分拆前HSN公司的价值。因为HSN报告中的利润可能会因为分拆而增加，甚至公司的股价可能会在分拆后上涨。

在我们公布结果之前，我们还要指出一点。只要有母公司宣布分拆旗下受到高度管制的部门（如广播行业、保险行业或者银行业），那么研究一下母公司也会带来回报。这样的分拆可能是母公司日后进行收购的前奏，当然，这样的分拆可能只是为了让母公司脱离旗下某项受管制的业务的束缚。然而，对拥有受管制的子公司的公司进行收购是非常棘手的事情，也很花时间。分拆旗下一家受管制的子公司的原因之一有可能是为了更方便地出售母公司。在其他的案例中，在发生这种类型的分拆之后，可能会在无意之间创造出一个更加诱人的收购对象。

在HSN的案例中，他们作出分拆的决定可能与并购有些关联。1992年3月份，就在与同行QVC网络公司（QVC Network）的并购谈判失败几天之后，HSN便宣布分拆旗下的另外一个部门，精密系统（Precision Systems）是一个生产呼叫处理系统的亏损部门。几周之后，公司宣布分拆银王广播公司。早在并购谈判失败之时，就有一些分析师（在《华尔街日报》中）猜测，QVC网络公司不想购买这些无关紧要的业务。尽管除了让HSN公司成为更有吸引力的收购目标外，还有其他很好的商业理由可以解释为何需要分拆这两项业务，但对这两个部门的分拆确实让HSN公司变得更为单纯，并成为更具诱惑力的收购对象。

好的，我们来说一下最终的结果。1992年12月，虽然对银王广播公司的分拆尚未完成，但自由媒体（Liberty Media）与HSN签订了 一份协议，从该公司的创始人兼第一大股东罗伊·斯皮尔（Roy Speer）手中买下这家公司的投票控股权（自由媒体自身也是一家从美国最大的有线电视供应商TCI中分拆出来的公司）。而在几天前，自由媒体便已经取得了QVC网络公司的控股权。银王广播公司的分拆如期进行，尽管自由媒体已经就收购斯皮尔在银王广播公司中的股份达成了协议，但这项协议需获得联邦通信委员会（FCC）的批准。由于对广播电台有线广播业务的所有权有限制性的规定，银王广播公司的控制权最终花落谁家仍是个未知数。事实上，就在分拆前夕，银行广播公司宣称，自由媒体最终获准收购银王广播公司股份的可能性不大。

形势千变万化，让人困惑，银王广播公司于1993年1月份分拆了出来。在分拆之后的前4个月中，其股价大约为5美元，看起来是一只诱人的便宜股票。尽管这家公司拥有高杠杆（有时这也能为我们提供优势）,5 美元的价格意味着减去利息和税收之后，银王广播公司的股价依然不到现金流的5倍。然而，银王广播公司的前景并不明朗。

过去，银王广播公司的电视台从HSN中获得了一定比例的业务，作为交换，电视台播放它的节目。如果HSN不再要求银王广播公司的电视台播放其节目了，那会怎么样？自由媒体是HSN公司的新控股股东，它在有线电视行业中拥有极好的关系网。也许会在不使用银王广播公司的电视台的情况下直接在有线电视台播放其节目。此时，留给银王广播公司的将仅仅是一个拥有2750 万户家庭覆盖面的电视台网络。尽管如此，这听起来也不是太坏。

事实如何呢？在5美元的价格维持了几个月之后，银王广播公司的股价在第二年上涨到了10~20美元。主要原因有两个，一是分拆之后经常会涌现的抛压减轻了；二是根据《华尔街日报》报道，市场猜测银王广播公司正考虑与其他几家公司联手成立一家排名第五的电视广播公司。几年之后，媒体行业中著名的重量级人物巴里·迪勒（Barry Diller，美国“最具远见和天赋”的商人之一）控制了银王广播公司，并让这家公司成为了他新创建的媒体王国的平台。当然，在发生这一系列的特殊事件时，我没有购买银王广播公司的股票。然而，以低廉的价格购买被忽视的资产将带来非常不错的结果，也会为价值最终得到体现留下许多空间。

当然了，在分拆之后，HSN的股价波动也非常有意思。就在分拆后的银王广播公司的股份分配给HSN股东的当天，HSN的股价就出现了上涨。通常，当价值为50美分的股份分拆给股东的时候（按照分配比例为1:10，银王广播公司的股价为5美元计算），通常母公司的股价会在配股当日下跌50美分。然而，HSN的股票却在配股当日上涨了 25美分。如果你在配股前一天持有HSN的股票，你便会在第二天因为该公司摆脱了银王广播公司而获得回报。HSN和分拆后的银王广播公司两家公司的股票一天之内为HSN的股东带来了 12%的回报。不管学术界可能会对股市的有效性说些什么，很明显，仍存在许多的无效定价，只有那些知道该在哪里寻找这些机会的人才会找到这些机会——这是关键。

我几乎给忘了，还记得精密系统吗？也就是HSN旗下亏损的呼叫处理系统生产部门，HSN 公司在分拆银王之前便已经分拆了这个部门。是的，我依然试图忘了这个公司，我从来没有研究过它。在分拆出来之后的几个月内，这家新公司的股价一直低于1美元，一年之内，其股价涨到了5美元，并在随后的两年内再次实现翻番。你不可能抓住所有的机会（如果抓得住的话，那就太好了）。

关注母公司发现机会

十诫之一是“孝敬父母”。因此，从常理上讲，关心父母是一种美德。这一戒律似乎也非常适用于分拆企业的母公司，是巧合吗？我想不是。

HSN这一案例中，尽管我看了《美国财经杂志》的报道并进行了一些研究之后被这家公司深深吸引，尤其是分拆出来的新公司，但我决定同时购买母公司HSN的股票。在银王广播公司分拆出来之前，我以5 美元的价格购买了母公司的股票，在分拆之后，根据银王广播公司最初的交易价格，我的净买入价格为4.5美元。对银王广播公司的研究，凸显出了母公司HSN便宜的股价。为了进行比较，对HSN的研究让我研究了其主要竞争对手QVC网络公司。尽管我认为HSN的股价很便宜，但QVC的股价看起来更便宜！这两只股票的价格都在接下来的一年内翻番。

我告诉你这些，并不是想告诉你其他一些机会能带来更大的回报（请相信我，我也曾失败过）；**我想说的是，对一个将要分拆复杂部门的母公司的研究，能够为你带来丰厚的投资机会。**说的差不多了，看下一个案例吧。

| 案例分析4：美国运通公司 |

骆驼是瘦不死的

1994年1月，美国运通公司（American Express）宣布计划分拆旗下的雷曼兄弟（Lehman Brothers）子公司，这一决定与预期非常一致。对雷曼兄弟子公司的分拆，事实上源自于美国运通20世纪80年代所购买的这家历史悠久的华尔街投资银行合伙公司。当时在前任CEO的领导下，美国运通希望通过收购这家公司而转型为一家"金融超市"。但收购后经过了10年的努力，还是没有人能搞清楚这一策略究竟意味着什么，董事会于是决定将雷曼兄弟公司分拆给股东。当1994年公布了相关文件之后，我决定更仔细地研究一下"新的"雷曼兄弟公司。

根据公布的文件以及媒体铺天盖地的报道，我了解到雷曼兄弟拥有投资行业中最高的支出收入比，去年出现了亏损，且它的盈利记录极不稳定。此外，尽管工作人员获得了很高的工资和奖金，但这些内部人士在分拆出来的新公司中持有很少的股份。在多数公司中，尤其是在华尔街的公司中，雇员会为了实现自身薪酬的最大化而努力工作。雷曼兄弟高级行政人员们的多数财富，都与雷曼兄弟的股价没有关系。我对这种现象的看法是：当雇员和股东的利益分配发生冲突时，股东的利益受到损害的可能性很大。除非雷曼兄弟的股价大幅低于账面价值，或者被其他投资公司所收购，否则我是不会对它产生兴趣的。

但其他一些因素引起了我的注意。根据报纸上的报道，美国运通所遇到的问题之一是：大型机构投资者无法确定该公司未来任何一段时期内的盈利前景，导致这一问题的罪魁祸首便是雷曼兄弟那极不稳定的盈利记录。要知道，唯一比坏消息还让华尔街讨厌的便是不确定性。解决盈利前景不确定性的问题是分拆雷曼兄弟的真正动机，理由也很充分。在分拆之后，美国运通的主营业务将减少为两项，且每项业务的盈利都要比雷曼兄弟稳定。

第一项业务，美国运通将其归类为"旅行相关类服务"业务，包括著名的签账卡和全球最大的旅行社以及旅行支票业务。在新任CEO的带领下，公司的计划是集中精力开发这些核心经营权。尽管威士卡（Visa）和万事达卡（Master-card）

在过去几年的竞争中已经蚕食了美国运通的一些业务，管理层的漫不经心似乎应该对此负主要责任。因为美国运通的主要产品就是要求每个月足额偿付的签账卡业务，其收入很大程度上依赖于信用卡持有人和商人所支付的费用。这项业务看起来比信用卡业务更为诱人，因为信用卡业务承担着更大的信用风险。简而言之，美国运通似乎在更高端的市场中拥有一个细分市场，它有着核心经营权和响亮的品牌，要想复制非常难。

第二项业务是“投资者多元化服务（IDS）”。近十年来，这项业务利润每年都以20%的速度增长。这些业务由一个全国性金融规划师组织所组成，这些规划师会根据具体的需求，为客户制订所有的投资和保险计划。这些规划师经常给出建议，并出售美国运通所推出的许多产品，如年金和共同基金。由于金融规划业务是一个无管制的行业，它由个人或者小部分参与者所控制，IDS部门推出的金融产品所能提供的满意度、资源和深度方面都是其他机构很难提供的。这种通过一个一揽子方案提供所有服务的能力让IDS部门管理的资产飞速增长。该部门的收入主要来自于投资和保险产品的年费。

总之，IDS部门同样看起来是一项价值连城且快速增长的细分市场业务。

让人感到兴奋的是，在雷曼兄弟于1994年5月分拆前的几个月中，你能以每股29美元甚至更低的价格买入美国运通的股票，这一价格包括了即将分拆的雷曼兄弟部门的价值。根据报纸上的估计，雷曼兄弟每股价值约为3~5 美元，这意味着分拆之后的“新”运通实际的股价介于24~26美元之间。因为根据已经公布的预测，分拆雷曼兄弟之后的美国运通1994年的每股收益大约为2.65美元，这意味着购买价格不足盈利的10倍。

可以在《价值线》杂志中看到一些大型信用卡公司的平均市盈率都有百分之十几。尽管我无法确定这样的比较是否恰当，但从比较的结果来看，似乎美国运通的股价可能被低估了30%~40%。尽管在前任管理层的管理下，主要的签账卡业务有所恶化，但美国运通这一不可替代的品牌及其所拥有的高端细分市场还是让人欣慰的。如之前提到的，美国运通的签账卡及其相关业务的收入来自于收费项目，相对于那些我与其进行比较的信用卡公司所承担的更高的信用风险，运通的这一特征似乎更具吸引力。

当然，占到了美国运通收入30%左右的IDS部门的价格，看起来应该远远高于10倍的收益。该部门在很长一段时期内都取得了每年20%的增长率，且从所管理的资产中获得稳定的收入，因此，以大幅低于市场平均市盈率（介于14~15倍之间）的折扣价购买这项业务看起来真是很赚。尽管美国运通同时也拥有一家国际性的银行（价格很有可能仅为收益的10倍，即市盈率为10倍），但这家银行的利润只占美国运通总利润的不到10%。

总之，市盈率不到10倍的美国运通的股票看起来非常便宜。一旦给盈利前景带来困扰和波动的雷曼兄弟被分拆出去，我想其他投资者也会清楚地看到这一点。唯一的问题是，因为我对雷曼兄弟不感兴趣，我应当在分拆之前还是之后买进美国运通的股票呢？

在一般情况下，即使机构投资者对将要分拆不受欢迎业务的母公司感兴趣，他们也会等待分拆完成之后再买入母公司的股票。这么做可以免除机构投资者被迫卖出那些他们不想要的分拆出来的股票的麻烦，并避开分拆无法完成的风险。机构投资者通常会在分拆之后马上买入母公司的股票，股价随之上涨。这就解释了如果母公司看起来像是一个诱人的投资机会，通常值得在分拆完成前便买入母公司的股票。尽管在分拆完成前便买入母公司的股票会在“创造”出廉价收购时带来更多的麻烦，但通常这是值得的，即使你在卖出分拆出来的股票时无法获得很好的价格。

在雷曼兄弟的案例中，我很高兴地计算出新运通的股票为24~26美元/股，因此我很容易在分拆前作出以29美元的价格买入的决定。雷曼兄弟股票的开盘价为18.50美元左右，我最终继续持有了这只股票，因为我讨厌卖出分拆出来的股票（因为雷曼兄弟股票的分配比例为5股美国运通兑换1股雷曼兄弟，相当于美国运通股票将近3.75美元）。分拆之后第一天，美国运通的股价确实上涨了 1.625倍，因而在分拆完成前买入美国运通的股票是正确的。长期来看，这一决定也是正确的：分拆之后第一年，美国运通就上涨到了 36美元，一年内的收益率超过40%。

顺便说一下，分拆刚刚过了6个月，巴菲特便宣布已经购买了美国运通近

10%的股份。很明显，分拆以及对无关资产的出售让美国运通成为一家“巴菲特式”的公司：拥有强大品牌和诱人细分市场的超便宜股票。

所以应该留意母公司，看看谁能挖到宝藏。

局部分拆中的商机

我从来都不喜欢为了了解一项投资而太过费神。因此，如果一项潜在的投资机会太过复杂，或者很难理解，我会选择忽略，寻找一些更容易搞明白的机会。这就是为何我们将要讨论下面这一话题，也是局部分拆为何如此吸引我的原因。此时要抓紧温习一年级的数学技能（尤其是减法），这是成功的关键。

在局部分拆中，一家公司会只分拆或者出售旗下某一部门的部分所有权。不同于将一个部门100%的所有权分配给股东，局部分拆只是将这个部门中一部分股份分配给母公司的股东，或者出售给公众，而母公司依然持有该部门余下的股份。比如，如果XYZ公司将旗下小机械部门20%的股份分配给股东，那么小机械部门中20%的流通股将公开交易，而剩下的80%的股份仍由XYZ公司持有。

公司选择局部分拆策略的理由主要有以下几个。

（1）有时一家企业可能需要筹集资金，出售某个部门的部分所有权，同时又保留对这个部门的管理控制权，这不失为一个诱人的选择方案。

（2）有时公司选择局部分拆策略的动机，是为了向市场展示特定部门的真实价值，当某个部门与母公司的其他业务混在一起的时候，其价值可能会被忽视。如果这个部门有独立的股价，这可能会让投资者单独评估这个部门的价值。

（3）在局部分拆之后，部门经理可以根据自己部门的表现而获得奖金。

投资局部分拆可以双重获利。

首先，如果局部分拆某一部门时将股票直接分配给母公司的股东，分拆出来的股票的表现应当会非常好，理由几乎与100%分拆某一部门时那些分拆出来的股票一模一样。如果局部分拆某一部门时将股票直接出售给公众（通过首次公开募股方式，即IPO），你的机会可能不会很好。这是因为，那些通过IPO购买股票的投资者不会购买他们不想要的股票。因此，由抛压所造成的股价遭打压的情况可能不会出现。

你的第二个机会需要展现一下你一年级的数学功底了。一旦局部分拆的股票开始公开交易，市场便会有效地评估这一被局部分拆出来的部门。如果XYZ公司的小机械部门股票发行量为1000万股，其中的200万股以20美元的价格卖给了公众，这意味着XYZ公司依然拥有小机械部门800万股股份，这些股票价格价值为1.6亿美元（800万股乘以20美元，是的，计算就是这么简单）。

由此带来了第二个机会。通过这些简单的计算，你可以知道两件事。当然，你知道XYZ公司所持有的小机械部门80%的股份的价值是多少？1.6亿美元。而且你也知道了 XYZ公司其他所有业务的市场价：即XYZ公司的总市值减去1.6亿美元。推理过程是这样的：如果XYZ公司的市值为5亿美元，公司所持有的小机械部门80%的股份的市值为1.6亿美元，这意味着公司其他业务的总价值为3.4亿美元。

这些琐事让你想到了什么？我们一起来看一下吧。

| 案例分析5：西尔斯公司 |

"借鉴"赢得大买卖

1992年9月，西尔斯（Sears）公司宣布将把旗下两家子公司中20%的股份出售给公众。多年来，西尔斯的管理层一直面临着改善公司股价表现的压力。西尔斯认为，公司旗下的两家子公司，添惠公司（Dean Witter，包括发现卡）和好事达保险公司（Allstate Insurance）的价值没有足额体现在西尔斯的股价中。西尔斯同时宣布，将在1993年下半年将添惠剩下的80%股份直接分配给股东。

这件事情有趣在哪里呢？在宣布局部分拆两家子公司之前，西尔斯是一家拥有添惠公司、好事达保险公司以及著名的百货连锁店的大企业。西尔斯多年来一直拥有这公司，这已经不再是秘密了。华尔街的分析师们密切跟踪着西尔斯。因此，为何机会突然降临到这家公司呢？西尔斯只是打算出售或者分配部分已经拥有的业务罢了。

这一问题的答案，不仅包括西尔斯正打算通过IPO部分股份来凸显这两家公司的市场价值，还包括西尔斯将披露其他的一些信息。根据西尔斯的股价，在减去添惠公司和好事达保险公司剩下的股份的价值之后，我们就得到了西尔斯余下的资产的价值，这些资产主要是百货店。这是笔大买卖吗？这是一笔非常大的买卖。让我们来看看其中的原因。

西尔斯在1993年2月出售了添惠20%的股份，并宣称将会在未来几个月内，通过直接分配给西尔斯股东的方式将添惠剩下的80%股份分拆出去。6月初，西尔斯以每股27美元的价格出售了好事达20%的股份。到了7月初，也就是在西尔斯分配添惠剩下的股份之前，情况是这样的：添惠的股价为37美元左右，好事达的股价约为29美元，西尔斯的股价约为54 美元。

计算过程如下。西尔斯已经宣布，会将添惠剩下的80%股份分配给西尔斯的股东。根据这一声明，这意味着每100股西尔斯的股份可以换取40股添惠的股份（西尔斯将分配出1.36亿股添惠的股份，西尔斯发行在外的股份有3.4亿股左右，因此，分配比例为1.36/3.4，也就是0.4）。因此，7月中旬，西尔斯的每位股东获得价值约为0.4（公布的分配比率）× 37美元（添惠当前的股价）的添惠股票，也就是说，每1份西尔斯的股份可以换取价值约为15美元的添惠股份。

在股票分配之前，西尔斯的股价为54美元，这意味着分配之后西尔斯的净价格为39美元。这让你想到了什么？首先，这一价格包括了西尔斯在好事达中拥有的80%股份、旗下的国内外百货店业务，以及各种房产业务（包括科威国际不动产，Coldwell Banker）的价格。然而，我们还知道其他一些事情：西尔斯所拥有的好事达80%股份的市场价值。

西尔斯拥有好事达大约3.4亿股的股份，而西尔斯自身恰好发行了3.4亿股左右的股份。这意味着如果你拥有1股西尔斯的股票，你就间接拥有了好事达1股股份。因为好事达的股价为29美元左右，西尔斯国内外百货店业务以及房产业务的价格约为10美元/股（39–29）。这样的价格便宜吗？

著名的基金经理人迈克尔·普里斯（Michael Price）当然会这么想了。在《巴伦》周刊的一次采访中（1993年7月5日），他就这一案例给出了直截了当的答案。

54美元的股价包括了一股价格为28美元的好事达股票，因此还剩下26美元。

然后你还拥有了0.4股价格为15美元的添惠股票。因此，还剩下10 美元或者11美元。墨西哥西尔斯和加拿大西尔斯的价格约为2美元或者3美元，这样就还剩下8美元左右。科威国际不动产的价值约为每股2美元或者3美元，因此，还剩下5美元/股，而这代表了市值为15亿美元的零售业务，其销售额为270 亿美元。新上任的管理层似乎非常专注。这几乎是一项没有任何负债的零售业务，且在不动产上拥有巨大的机会。

我曾说过，我从来都不喜欢为了解一项投资而太过费神。简单的计算证实了普里斯是正确的，西尔斯的股价很便宜。按照270亿美元的零售额以及发行在外的3.4亿股票计算，西尔斯销售额为79美元/股。如果可以用5美元买下这79美元的销售额（而且完全没有任何债务），那么这个购买价格仅为销售额的6%多一点（即5 ÷ 79）。

另一方面，可以看到彭尼公司（J.C.Penney）的每股销售额约为78美元，市价约为44美元/股，也就是购买价格为销售额的约56%。当然，还有其他许多用来比较价值的指标（如利润），但所有这些指标都表明，西尔斯国内零售业务的价格低得让人难以置信。

顺便说一下，尽管我强烈支持自己做研究，但这并不意味着我反对“借鉴”别人的想法。这是个广阔的世界，你自己不可能研究所有事情。这也能解释为何你从本书读到一种投资情形，那么更仔细地研究一下这一投资情形通常都会给你带来回报。如果你所看到的投资情形具有缜密的逻辑关系，或者你所看到的建议来自于几个值得信赖的专家（稍后将提到他们的名字），“借鉴”行为会给你创造利润。

当然，这里的“借鉴”指的是采用别人的点子，不幸的是，你仍需要自己做些研究。在西尔斯的案例中，除了《巴伦》周刊的那篇报道外，迈克尔·普里斯在6月中旬接受了《财富》杂志类似的采访。因此，即使你很长一段时期内都没有注意到西尔斯将要局部分拆旗下的两家子公司，财经报道中也会对此作出报道；或者你确实看到了这家公司将要分拆子公司，但却没有进行相关的计算，至少有两个随手可得的机会可以让你“借鉴”这个不错的点子。如果你了解自己正在寻找的投资情形，比如局部分拆，那就更容易找到此类机会了。

买入西尔斯的股票也带来了相当好的回报（我们将在后面提到一些失败的案例）。在添惠的股票完成分配之后，留在西尔斯股票中39美元的投资在接下来的几个月内上涨了超过50%。在这段时期内，好事达的股价仅仅从29美元上涨到了33美元。很明显，市场最终注意到了西尔斯其他资产的内在价值。

（以下内容适合于资深投资者：可以同时买入西尔斯的股票，并做空好事达的股票，只留下西尔斯明显便宜的股份。有时候，这是一种聪明的做法，尤其是当5元/股百货店股票便宜部分的价值只占添惠分拆后购买价格的很小一部分时。然而，在这个案例中，由于百货店业务便宜的购买价格与真实价值之间的差距如此之大，没有必要采用这种奇特的投资策略。）

与分拆公司内部人士保持一致

我可能已经提到过内部人士，看看公司的内部人士在做些什么是发现诱人的分拆机会的好方法之一（也许我已经多次谈到了这一点）。我的观点是，如果内部人士拥有大量的股票或者期权，那么他们与股东的利益会相当一致。然而，你是否知道，有时候低价分拆的股票可能会对内部人士有利？你是否知道，当你没有购买新分拆出来的股票时，内部人士会有利可图？你是否知道，通过找到这些情形，你能获得巨大的优势？是的，这些都是真的。

在通常情况下，当一家公司第一次公开出售股票时，都会进行详细的谈判，承销商和这家公司的所有者会就IPO价格展开讨论。尽管IPO价格是由市场因素来决定的，但在多数情况下，主观因素对这一价格的形成起到了很大的影响。这家公司的所有者希望能以高价出售自己的股票，如此便能筹集到更多的资金。而承销商通常希望IPO价格能低点，如此在IPO中购买这只股票的投资者便能赚大钱（通过这种方法，他们所承销的下一次IPO将更容易卖出去）。不管如何，都需要进行繁琐的讨论并确定发行价格，而在分拆案例中却没有这样的讨论。

相反，在进行分拆时，分拆出来的股票直接分配给了母公司的股东，其价格由市场来确定。很多情况下，管理层的股权激励计划以这一最初的交易价格为基础。分拆出来的股票价格越低，股权激励计划的行权价格就越低（也就是说，如果分拆出来的股票最初的交易价格为5美元，那么管理层获得了以5美元的价格购买股票的权利，如果最初的价格为8美元，则管理层得用8美元的价格购买股票）。在这些情况下，在最初的交易价格确定之后而不是之前，推高分拆出来的股票的价格才符合管理层的利益。

换句话说，在管理层股权激励计划的行权价格确定之前，不要指望管理层会对分拆出来的新公司发表乐观的声明或者表态。行权价格可能会在交易一天、一周、一个月或者更长时间之后加以确定。**某些时候，管理层闭口不谈分拆出来的新公司的长处可能并不是坏消息，在一些案例中，这可能就是所谓的"沉默是金"吧**。如果你对某个公司进行的分拆特别感兴趣，翻阅一下证券交易委员会的文件会有用，看看管理层股权激励计划的行权价格何时确定。如果提供给管理层的股权激励计划是货真价实的，那么在管理层的激励之下开始推高分拆出来的股票前买入这只股票可能是个好主意。最终，管理层和股东将站在同一阵营，但知道"游戏"何时开始将对你有益。

在创建一家新上市公司时，内部人士能拥有如此一边倒的控制权的投资机会并不多。因为有了这种独一无二的特性，分析分拆企业中内部人士的行动和动机会带来巨大收获。因为母公司所有的股东，要么可以获得分拆出来的新公司股票，要么在购买新分拆出来的公司股票时享有同等的权利，在母公司和分拆出来的新公司之间分割资产和负债时，也就很少会出现不公。然而，使用在确定分拆的结构和条件时所拥有的相对不受限制的能力，内部人士可以为他们自己牟取一些利益。**当然，通过关注管理层以及其他内部人士的动机，你可以将这种对内部人士有利的因素转化成你自己的优势**。当分析下面将要谈到的一种成立分拆出来的新公司的方法时，这就显得尤其有用了。

把握配股分拆机会

有时候，母公司不会免费将分拆出来的新公司的股票分配给原股东，而是给股东提供可以用于购买某一子公司或者某一部门的股票的配股权。实现此目的的方法之一是配股。**多数的配股（至少是那些多数投资者都熟悉的配股）都与分拆无关。然而，在极少数的情况下，公司会使用配股的方式来进行分拆，值得对这一情况给予格外的关注。**为什么？拜托，你现在应该知道理由了。（哦，是的，因为你能因此赚大钱！）

当一家公司希望筹集资金时，配股是他们最常用的方法。在常规的案例中，配股权被分配给一家公司的现任股东。这些配股权，加上现金或者证券，允许股东购买更多的股票（通常购买价格低于当前的市价）。通过给所有的股东提供能够以低于当前价格购买股票的配股权（但并不一定非买不可），这家公司可以筹集所需的资金，同时又能给所有的股东提供一个公平购买新发行股票的机会。如果现任股东选择通过行使自己购买更多股票的权利来参与配股，他们在这家公司的持股不会因为低价发行新股而降低。相反，如果股东不希望购买更多的股票，他们通常可以卖出所获得的配股权，并在公开市场以低价购买股票。在超过预定的期限之后，没有行权或者卖出的配股权在到期之后将变得一文不值。

不幸的是，配股也为封闭式基金所有者所熟悉。不管是股票型还是债券型的封闭式基金都很像共同基金，只不过封闭式基金所发行的份额是固定的（比如，一只封闭式基金在公开发行时，以10美元的价格发行了2000万份基金份额，那么对这2000万份基金份额的交易同普通股一模一样）。封闭式基金筹集更多资金（从而增加基金经理人所收取的咨询费）时，使用的方法之一便是通过配股发行更多的基金份额。在一般情况下，只有封闭式基金的经理人能够从这类配股中受益。

现在来看些好消息。当企业进行分拆时，配股会成为像你这样有进取心的投资者极好的投资机会。**配股比较冷门，且经常让人犯迷糊。在多数机构投资者忽视或者不关心分拆的情况下，利用这种分拆方式会让你获得更好的机会。**一般说来，母公司会将用于购买分拆出来的股份配股权分配给原股东（这是免费的）。如此，配股权的持有者便获得了在未来30天或者60天内，以某一特定价格购买分拆出来的新公司的股票或其他特定数量的证券的权利。这种配股权通常都是可以转让的，这意味着不希望购买分拆出来的公司股份的股东，可以在公开市场将自己的配股权卖给别人，通过在市场上购买这些配股权，不是母公司股东的投资者也可以参与配股。

每一个配股的时机、条款以及细节都是不同的。重要的是记住下面这一点：**不管你在什么时候看到有公司使用配股来进行分拆，不管你在做什么，你都应该停下来，然后对你看到的分拆进行研究。只需看一下这样的分拆，便已经让你进入了精英阶层（虽然这些人也是些怪人）**。但是，更重要的是，你会将注意力集中在甚至有可能较常规的分拆产生更多利润的分拆。你也不必浪费太多的精力，在你深入研究这一特殊案例中错综复杂的细节前，快速检查一下配股中的一些表面现象以及内部人士的动机，这会让你激动不已，因而希望进行深入的研究，也可能会说服你将时间花在其他地方。

那么为何分拆与配股的这一组合会带来如此巨大的盈利机会呢？毕竟，在使用配股的分拆中，标准的分拆案例中所具有的便宜因素（即母公司的股东所带来的抛售压力）并不存在。事实上，使用配股时会出现截然相反的情况。使用配股权购买股票的股东，实际上是对购买分拆出来的新公司的股票做出了肯定的选择。在这种情况下，甚至没有出现在标准的配股中会出现的便宜因素。同常规的配股不同，这里的配股权并不保证能买到便宜股票。这是因为，在发行配股权的时候，没有人知道分拆后的新公司的股价会高于还是低于配股中所设定的购买价格。那么盈利点在哪里呢？

答案就隐藏在配股的本质之中。如果母公司通过配股的方式出售分拆出来的新公司的股票，那么根据定义可知，母公司没有选择其他的替代方式来进行分拆。这些替代方式包括：将分拆出来的公司卖给另外一家公司，或者主要通过IPO的方式将分拆出来的公司股份出售给公众，这两种方式都要求作为受托人的母公司董事们以尽可能高的价格出售分拆资产。然而，如果母公司使用配股的方式将分拆出来的新公司出售给股东，那么他们便无需追求最高的价格了。事实上，如果把分拆出来的新公司股票的最初买家限制为母公司的股东及在公开市场上购买了配股权的投资者，这通常不是从出售分拆业务中获取最大收益的最佳方法。然而，在配股中，因为母公司所有的股东在购买分拆出来的公司股票中机会平等，即使他们以便宜的价格买到了股票，这些股东也都受到了公平、公正的待遇。

尽管在进行分拆时普遍倾向于在配股中制定一个诱人的价格[①]，对配股结构的审查能够提供一些重要的线索。如果在配股中提供了超额认购特权，那么这就表明配股中提供了便宜的配售价格。如果配股没有得到足额认购，超额认购特权赋予了那些在配股中购买分拆出来的股票的投资者购买更多股票的权利。因为配股权晦涩难懂，要求持有者对于是否行权给予额外的考虑，并且经常因为交易量较小而缺乏流动性（相对于母公司的市值而言），经常会出现配股权的持有者要么没有行权，要么没有卖出自己的配股权的情况。如果发出了可以购买300万股股份的配股权，但最终有可以购买100万股股份的配股权因没有行权而到期，超额认购特权便赋予了那些已经参与了配股的配股权持有人按比例购买余下的100万股股份的额外机会。

通过配股中的超额认购特权，内部人士能够以便宜的价格提高他们在分拆出来的新公司中的持股比例。在特定的案例中，内部人士可能需要按要求在证券交易委员会的文件中披露打算超额认购分拆出来的新公司多少股票，这所传达的信息是显而易见的。另外请记住下面这一点：**当提供了超额认购特权时，配股的公众关注度越低（配股权的交易价格越低），配股权持有人在配股中购买股票的可能性就越低，且内部人士以及富有进取心的投资者以便宜的价格购买到分拆出来的公司的股票的机会就越大。**

尽管我们可以从其他角度来阐明配股权认购的过程能够为分拆投资带来巨额利润，但更重要的是要记住下面这个简单的概念：无论如何设计分拆，如果你能找到对内部人士有利的安排，你就可能已经发现了在选中最优秀的分拆投资机会时最重要的因素了。在下面这个有史以来最复杂、利润空间最大的分拆

---

① 计算持股总成本时、在公开市场购买配股权的投资者必须在股票购买价的基础上再加上购买配股权的价格。

案例之一中，事实上只能以内部人士为突破口才能搞清楚具体的情况。

实际上，这起分拆设计得非常复杂，没有人能看得懂，正因为这样，我就在想，是否这是内部人士故意这么做的。虽然我通常会避开那些难以理解的投资情形，但在这个案例中，让我做出例外举动的理由非常充分。在我认定内部人士有充分的理由希望我不要购买分拆出来的新公司股票之后，我就有充分的理由投入时间和精力来了解事实的真相。

尽管这一分拆对多数投资者而言可能太过复杂，但重要的不是这个，即使那些专家也回避了这一案例。你真正需要记住的一点是：不要忘了弄清楚内部人士的动机，这一观点应当非常明确。

那么，就让我们看看如何才能赚到大钱吧。

| 案例分析6：TCI公司 |

两年五亿的传奇

如果你问道："如何在不到两年的时间内赚到了五亿美元？"那我告诉你："你可以问问约翰·马龙（John Malone），他做到了！"

约翰·马龙是长途通讯公司（Tele-Communications, Inc.，简称TCI）的首席执行官，通过对分拆过程的设计，他创造出了经证实是有史以来最伟大的分拆机会之一。任何参与了自由媒体公司（Liberty Media）配股的人都可以让自己的投资在不到两年的时间内升值到原来的10倍。自由媒体是从TCI中分拆出来的公司，尽管母公司TCI所有的股东在参与配股中机会均等（所有人都可以购买同一种配股权），在精心的设计下，该公司所提供的配股不仅为参与者提供了最大的获利空间，同时却也打消了多数投资者利用这次机会的念头。

《华尔街日报》对整个分拆过程进行了密切跟踪，许多内容都登在了头版，然而，几乎所有投资界的人士都错过了这一快速发财的机会。但愿下次再出现这样的机会时，其他人可能再次与它擦肩而过，而你不会。

整个过程开始于1990年1月，作为美国最大的有线电视运营商的TCI宣布打算分拆旗下的节目制作资产（如QVC和家庭频道）及在有线电视系统中所持有的少数股份，据估计这些资产的价值接近30亿美元。这一声明是对华盛顿方面持续施压所做出的回应。华盛顿政府希望大型有线电视运营商，尤其是TCI，能减少对有线电视行业的影响。在约翰·马龙的带领下，TCI已经成为了这一行业中的巨头，并掌握着相当大的权力，可以决定在自己的有线电视网络中播放哪个供应商的节目，以什么样的条件播放其节目。因其规模巨大（拥有近25%的有线电视家庭用户），TCI经常能推进或者中断一个新有线电视频道的推出，在某些情况下，它可以利用其影响力购买新频道中的股份。因马龙被认为严格控制了这个行业，对此，华盛顿方面正就一项提议展开激烈的讨论，即通过立法来限制有线电视系统中的运营商在节目供应商中的持股。

根据TCI的说法，这一分拆计划旨在减轻来自华盛顿方面的压力，并通过将公司的节目制作资产从自己所控制的有线电视系统中剥离出去，来增加公司的灵活性。另外一个理由则比较典型，即为了实现股东价值。他们希望这一分拆计划能凸显母公司在节目制作资产中所持有的股份，以及在其他有线电视系统中所持有的少数股份的价值。在TCI所拥有的规模巨大的有线电视资产中，上面提到的那些股份被认为遭到了忽视。

1990年3月，《华尔街日报》在一篇报道中公布了最新的进展。TCI并未采取常规方法来分拆节目制作和其他的有线电视资产，而是采用了配股来进行分拆。股东们获得的是配股权，并可以根据这些配股权所赋予他们的权利将自己所持有的TCI的股份兑换成新公司股份，之所以选择配股的方法主要是出于税收方面的考虑（如果合理安排了配股，股东只需要根据所获配股权的价值来缴税）。

3月份发布的声明还披露了分拆规模小于最初所公布的规模。TCI不再打算分拆其在特纳广播公司（Turner Broadcasting）中所持有的10亿美元的股份。1990年10月，就在编制证券交易委员会初步报告的前夕，TCI又取消了分拆其在“发现”频道中所持50%股份的计划。至此，整个分拆规模已经不足最初预期的一半。

事实上，根据1990年11月编制并在1991年1月修订的证券交易委员会报告所公布的信息，将分拆到新公司自由媒体的资产价值预计已经降到了 6亿美元左右。因为TCI的总市值大约有150亿美元（约60亿美元为净资产，90亿美元为负债），分拆出来的自由媒体的规模将只占TCI的很小一部分。换句话说，在多数机构投资者的眼中，自由媒体什么都不是（但有可能为我们创造一个典型的投资分拆的机会）。

根据报纸在1991年1月的报道，自由媒体的资产组合将包括在14家有线电视运营商中所持有的少数股份（这些运营商拥有160万的用户），在另外26家公司中所持有的股份，包括11家地区性体育节目广播公司，以及在家庭频道（The Family Channel）、美国电影经典（American Movie Classics）、黑色娱乐电视（Black Entertainment Television）和QVC购物网络（QVC Shopping Network）等公司中的少数股份。根据TCI的估计，这些资产价值约为6亿美元，有线电视资产和节目制作资产基本上各占一半左右。《华尔街日报》报道："自由媒体的规模将大幅小于一些人此前的预期，只会发行约200万份股份。经过完全稀释之后，TCI拥有4.15亿股左右的流通股。"根据《华尔街日报》报道，分析师将近400页的招股说明书称之为"这类交易中最复杂的"，并称这份说明书让投资者感到困惑，因为TCI将特纳广播公司和探索频道的资产排除在了分拆计划之外，一些分析师感到"自由媒体可能被看成是缺乏吸引力的投资"。报道进一步指出："据预测，在截至1990年9月30日的9个月中，按要求给优先股的股东进行分红后，自由媒体亏损了 2040万美元，也就是每股亏损9.77美元。"

总而言之，自由媒体的前景无法让多数投资者高喊："快来吧，水很干净！"如果这些基本说明还不足以让人感到沮丧的话，那么还可以找到许多能让人感到失望的信息。TCI的股东将用200股兑换1份可交易的配股权，1份配股权加TCI的16份股份才能兑换自由媒体1股股份（这些配股权将在30天后过期）。因为TCI的股价为16美元，这意味着需要用256美元才能买到1股自由媒体的股份（也就是16股价格为16美元的TCI股份）。之前已经说过，经过完全稀释之后，TCI的股份大约有4.15亿股，每200股TCI的股份兑换1份配股权（购买1份自由媒体的股份），意味着自由媒体大约发行210万股的股份。

对于一家只会购买发行数量不低于4亿股股票的机构而言，他们通常会认为，一只发行数量只有200万股的股票不仅存在着风险且不适合投资，而且因其流动性过低而不能选入自己的投资组合。此外，超过250美元的股价也非常疯狂。很少有机构投资者愿意为获得少量流动性非常差的股票而交易1只流通股超过4亿股、流动性非常好的股票。

通常情况下，公司会选择以26美元左右的价格发行2000万股股份，或者以13美元左右的价格发行4000万股股份。为什么TCI希望只对自由媒体以256美元的价格发行200万份股份呢？我通过查找证券交易委员会的文件找到了原因。他们在文件中做了如下澄清："为兑换（TCI的股份）而设定的（自由媒体的）兑换比例，仅仅是为了将自由媒体最初发行的普通股数量限制在200万股左右，这一兑换比例并不是衡量（自由媒体）股票价值的指标。"我将此解释为："我们之所以发行200万股股份，是因为我们希望自由媒体看起来对TCI的股东而言毫无吸引力。"

为什么我会这么说呢？让自由媒体看起来毫无吸引力有什么好处吗？首先，这一案例中，他们精心设计了配股，使得自由媒体的股份发行数量等于行权的配股权数量。换句话说，如果只有100万份配股权被用于购买自由媒体的股份，那么自由媒体就只会发行100万份股份，而不是理论上如果TCI所有的配股权持有人都行使了股票购买权的话，最多所能发行的200万股的股份。为交换TCI价值256美元/股的股份而发行100万股，其实就是以2.56亿美元的价格买下自由媒体所有的股份，然而，如果200万份股份都被认购，其购买成本会增加至5.12亿美元。由于自由媒体的资产没有发生变化，不管这家公司发行了100万股还是200万股普通股，任何只关心自由媒体股价上涨潜能的人，都会更希望发行更少的股票。

这笔交易还有另外一个不同寻常的地方，没有在配股中销售出去的普通股（指有权全部分享自由媒体价值增加的股票）都将替换成优先股，并归TCI所有。之前曾提到，因为不管自由媒体发行了2.5亿美元的股票，还是价值5亿美元的股票，TCI转移到自由媒体的都是同一批资产，因此，这2.5亿美元的缺口，将会通过对TCI发行自由媒体的优先股来予以填补。发行优先股的有关条款对自由媒体非常有利。总之，参与自由媒体配股的股东越少，自由媒体的股票在上涨空间中所获得的杠杆作用就越大。更有利的是，这种杠杆效应的获得并不是通过发行债务，而是通过发行低成本的优先股。因为这种优先股15年内无需支付现金，利息率低至6%，且拥有固定的赎回价格（也就是说不存在上涨空间），这显然会为自由媒体的普通股带来正面的杠杆效应，完全没有背负债务时所具有的风险。

在如此混乱的交易中，TCI的内部人士在做些什么呢？首先，他们的建议不是白提的。《华尔街日报》在报道中称："TCI的两位高管，主席鲍勃·玛格尼斯（Bob Magness）和总裁约翰·马龙，已经向公司提出建议，他们两人当前打算至少行权自己50%的配股权。"这显然不是一个能让人兴奋的消息。但如果你更仔细地看一下，你会看到一些有用的暗示。

在配股说明书中，"管理层薪酬"下面写着这么几句话："依据约翰·马龙先生的雇佣合同，他（在自由媒体中）获得的并不是现金报酬，约翰·马龙先生将被赠予以每股256 美元的价格购买10万股（自由媒体股份）的不可转让期权。"这意味着这一期权将为他提供价值超过2500万美元的自由媒体的股票，这还不包括他在配股中购买的股票。根据证券交易委员会的这份文件，马龙拥有约5000万美元的TCI的股份，自由媒体的成功分拆将给马龙带来巨额财富。

如果自由媒体最终发行了200万份股份，那么这份期权可以购买的股份相当于这家公司所有股份的5%。如果最终发行了100万份股份，那么这份期权将令自由媒体的股份增加10%。

稍微深入一点便可看到，自由媒体并不像报纸上所总结的那么糟糕。虽然据估计，自由媒体最近9个月内每股亏损9.77美元，但事实并非如此。暂编报表中所提供的盈利（或者亏损）数据，只覆盖了自由媒体中很少一部分资产的经营情况。因为自由媒体的资产中还包括了其他多家公司的股份，这些股权所带来的多数收入和利润均未合并到自由媒体的损益表中（这些股份只以成本方式列在自由媒体的资产负债表上）。《福布斯》杂志甚至把这家公司写得一无是处（我喜欢看到他们这么写）。当提到自由媒体的低收入和低盈利时，《福布斯》杂志称："如果你是TCI的一名股东，不要参与换股（指通过配股来换取自由媒体的股票）。如果你正考虑购买自由媒体……请不要这么做。"因此，尽管阅读财经刊物是个寻找新点子的好方法，但仍应谨记规则一：自己进行研究（我很抱歉，但这里所说的研究至少包括阅读暂编报表）。

自由媒体的其他一些情况看起来也非常振奋人心。根据招股说明书，TCI的管理层“期望（自由媒体的）普通股最初只代表了能够在未来分享（自由媒体）成长的权利”。这应该值多少钱呢？让我们来算算看。TCI拥有约150亿美元左右的有线电视资产，自由媒体将由管理TCI的同一个管理层所控制，自由媒体是作为TCI为涉足节目制作领域而创建的。如果马龙将从自由媒体的成长中获得巨大的利益，也许TCI可能会利用其强大的权力帮助小小的自由媒体摆脱困境。当然，分拆自由媒体可能会给一家新成立的有线电视频道带来好处，因为自由媒体可能会持有这家新频道的部分股份，也许这会增加这家新成立的有线电视频道在TCI覆盖范围广阔的有线电视网络中播放的机会，也许自由媒体可能会成立自己的有线电视频道。如果TCI所有的订户都能看到这些新成立的有线电视频道，那么这些频道可能也会具有巨大的优势。嗯……有多少种方法可以分享所有这些优势呢？

答案是，这要视有多少TCI的股东会利用他们的配股权将TCI的股份兑换为自由媒体的股份这一情况而定。有媒体曾非常概括地总结了人们的普遍看法：“自由媒体所遇到的难题包括股票的流动性缺乏、资产和资本结构复杂以及无法在这项投资中获得期初现金流。”贝尔斯登的一位分析师补充称：“我们认为，对多数基金经理人而言，这次配售的吸引力非常有限。”西尔森·雷曼（Shearson Lehman）称：“放弃通过TCI买入自由媒体的股票的打算吧，这是一只流动性有限、价值非常不确定的股票，对多数机构投资者而言，不管是以哪个价格进行交易，这只股票都不会成为我们一笔尤其出色的交易。”因此毫无意外，最终只有36%的配股权被用于购买自由媒体的股票，致使原本可以发行200万份股份的自由媒体最终只发行了略多于70万份的股份。

以相当于256美元的TCI股票的价格购买自由媒体的股票的配股权可以在市场上自由交易，任何希望在那30天内购买自由媒体的股票的人都可以购买这些配股权。每份配股权的交易价格不到1美元，这意味着持有TCI的200份股份（相当于3000美元）的股东获得了1份价值低于1美元的配股权。

TCI的多数股东要么没有行权，要么没有出售自己的配股权。当然,TCI的两位高层人士，即鲍勃·玛格尼斯和约翰·马龙最终却完全执行了他们所有的配股权。算上他所获得的10万股的期权，马龙获得了自由媒体近20%的股份，而他在TCI中的股份不到2%。虽然两家公司的CEO都是马龙，很明显，马龙会在激励之下，利用TCI在有线电视行业中强大的影响力，来确保自由媒体实现繁荣。话又说回来，TCI所有的股东原本都有机会分享自由媒体美好的未来，但并不是所有的股东都抓住了机会。

有线电视行业的杂志《多频道新闻》(Multichannel News)曾这样写道：

TCI的官员预计配股权的行权率将不足五成。但当TCI公布了详细的分拆计划之后，华尔街对自由媒体的股票恶语相向，称其缺乏流动性，资产和资本结构复杂，且缺乏初期现金流。

自由媒体的主席是约翰·马龙，他同时也是TCI的总裁兼CEO。他称自己对缺乏热情的华尔街并不关心，且并不对此感到失望。

即使自由媒体的股东会议可以“在一个电话亭”内举行，马龙称，在设计这笔交易时,TCI的执行官们认识到，这笔交易并不是为所有人准备的。

“人们必须自己拿主意”，马龙称，“如果你想说服人们购买什么东西的话，你会让自己陷入麻烦。”

当然！道理确实如此。当你在不到两年的时间里让自己的投资增长到原来的10倍时（坦率的讲，这一结果也出乎马龙自己的预料），想想你给信任你的投资者所带来的巨大的税收问题吧。

附：在配股完成不到一年的时候，自由媒体便进行了拆股,1股拆成了20股，流动性的增加引起了机构投资者和分析师的兴趣。

小 结

在结束对分拆领域的探讨前，让我们先花些时间来总结一下重点吧。

1. 分拆出来的新公司股票通常都能跑赢大盘。

2. 选对立场，在投资分拆时，这甚至会让你获得好于平均水平的回报。

3. 如果分拆具备以下特征，则表明这可能是一个很有利的投资机会。

（1）机构不想要它（并不是因为其投资优势）。

（2）内部人士想要它。

（3）分拆过程显露出投资机会（例如：便宜股票，大单生意、杠杆作用的风险/回报比）。

4. 通过浏览财经媒体并跟踪证券交易委员会的报告，你可以找到并分析新分拆中的前景。

5. 关注母公司也会给你提供丰厚的回报。

6. 局部分拆以及配股分拆会创造出独特的投资机会。

7. 时刻盯着那些内部人士。

还有其他一些重点：

1. 回放的电视连续剧《盖里甘的岛》让人感到枯燥乏味。

2. “借鉴”也会是件好事。

3. 不要在鲁提斯饭店问愚蠢的问题。

嗨！为何我不在一开始便说这些呢？

第 4 章

风险套利、公司并购时如何投资

DON'T TRY THIS AT HOME：RISK ARBITRAGE AND MERGER SECURITIES

风险报酬率，即在一次投资中你所损失的数额/你所得到的数额，才是决定长期回报的更重要的变量。特别是在一个竞争日趋激烈的领域中，如果在努力追求非常高的短期回报时，勿忘反复检查风险报酬率这个变量。用计算器来代替大脑思考这种蠢事经常在银行业、保险业和股市中出现。

风险套利：反复检查风险报酬率

风险（或并购）套利是指买进一家正卷入一场兼并或收购交易的公司的股票。当前流行的有关套利的负面理解是由于恶名昭彰的套利者伊万·博斯基（Ivan Boesky）以及数不清的内幕交易的丑闻造成的，这里的套利与此不同，并购套利是指买进那些并购消息已经公布的公司股票。其中最简单的形式是，A公司宣布它同意以每股40美元的价格收购B公司的全部股份。假设宣布之前，B公司的股价是每股25美元，宣布之后，B公司的股价上升到了 38美元一股，并没有达到协议收购价格40美元。并购套利者（这个溢美之词其实就是指以38美元买进股票的投资者）企图利用它们之间的差额牟利。并购套利不是完全无风险的，投资者至少要承担以下两种风险。

首先，交易可能会因种种变故不能达成。其原因可能是监管问题、融资问题、公司业务异常变化、在审查期内被查出有所隐瞒（如果你曾经买过房子，企业并购的审查期就相当于购房后的保留期）、人员问题……任何人们想反悔时能找到的合法理由。一旦交易破裂，B公司的股价常常会被打回原价，甚至更惨，而套利者则难逃巨亏的厄运。

第二种风险就是时间风险。根据交易的性质和行业的不同，完成并购所需时间为1~18 个月不等。交易完成后（并购者以40美元的价格购买全部股票），在套利者所获得的2美元价差中，其实还包含了他所支付的38美元的时间成本。因此，套利者的重要工作之一就是评估交易完成所需的时间长短。

在过去10年间，已经有许多投资公司和合伙公司进入了并购套利这个一度被认为是证券业死水的领域。因此，尽管并购事件层出不穷，但竞争空前激烈。

在反垄断顾问、证券律师、相关行业的投资专家的帮助下，**这些公司整天跟踪并购事件的蛛丝马迹，他们辛勤工作的结果就使得个人投资者已很难运用此策略来投资获利了。激烈的竞争已经大大压缩了股价和收购价之间的价差，如果考虑风险溢价，其获利就所剩无几了。**

还有兴趣玩吗？是否觉得我是在泼冷水？即使是冷得牙齿打架，是否依然坚持看完本章？是否还执迷不悟？那么瞧一瞧下面的案例吧。

| 案例分析7：柏园公司与HBJ |

检查风险报酬率

这是我自己成立公司之后最早投资的几家公司之一。1985年4月，图书出版商和《海洋世界》的所有方，哈考特·布雷斯·朱万诺维奇公司（Harcourt Brace Jovanovich，以下简称HBJ）宣布和佛罗里达柏园公司（Florida Cypress Gardens）就并购事宜达成意向。而我记得儿童时期曾到柏园公司玩耍，美好的记忆至今难忘，我决定投资柏园公司，除了它是我熟知并理解的公司以外，这其中还夹杂着某种美好的、难以言表的情感。作为主题公园，柏园以它独特的风景和异国情调而闻名：美丽如画的小径，壮观的滑水表演（由滑水的圣诞老人和歌舞团的姑娘完成），真是一个新奇独特的地方。

根据并购协议中的条款，每股柏园公司可交换0.16股HBJ。当然这笔交易还需经过必要的手续，如得到柏园公司股东的批准。股东大会预定在并购协议签署完的3个月后举行。考虑到柏园公司的董事长拥有公司44%的股权，我认为方案得到批准接近于板上钉钉。而HBJ一方，由于这笔交易的价值相对于HBJ的规模而言太小了，根本无需股东投票。

这笔交易看上去对柏园公司的股东还不错。因为就在交易宣布之前，柏园公司股价只有每股4.5美元，而当时HBJ的股价是51.875美元，0.16股转换比例意味着收购价格达到了8.3美元（0.16 × 51.875），协议一经宣布，柏园公司的股价跳升3美元，达到了 7.5美元。但是，即便价格有了 66%的巨大上升（3 ÷ 4.5），还是给套利者留下了可观的获利空间。套利者以7.5美元的价格买进柏园公司股票，当交易达成，每股赚80美分。3个月后，每股7.5美元的柏园公司的股票将被转换为价值8.3美元的HBJ股票。投资7.5美元赚80美分的利润，以3个月计，投资回报率为10.67%，若按复利计算，则是50%的年化收益率（1.1067 × 1.1067 × 1.1067 × 1.1067，你可做一下计算，复利真伟大，不是吗）。

在上述的如意算盘中，唯一的缺陷是收购价8.3美元是用股票而不是用现金支付的。如果HBJ的股价在交易完成前，哪怕是下跌5%~10%，期待中80美分的利润将大幅减少，甚至完全消失。为了消除这个风险，套利者通常在买进柏园公司股票的同时，卖空HBJ公司的股票。卖空者从经纪商那里借来HBJ的股票，并在公开市场中出售。卖空股票的投资者有义务在将来归还这些股票，就像华尔街格言所警告的，“如果卖出不属于他的东西，要么买回，要么进监狱！”但是在套利案例中，情况稍有不同。

套利者通常每买进1股价值7.5美元的柏园公司的股票，就卖空0.16股HBJ股票（收到8.3美元）（如买进5000股柏园公司的股票，买空800股HBJ股票），如果并购交易完成，柏园公司股东每一股柏园公司的股票将换成0.16 股HBJ的股票，拥有5000股柏园公司的股东将收到800 股HBJ股票。套利者将用这800股HBJ股票替换原先借来的800股股票（你瞧，他归还了借来的股票，而没有买回股票）。当并购成功达成后，套利者原先买入的柏园公司的股票将消失，保留下的是80美分的利润（还有50%的年收益）。

那么，坏消息在哪儿呢？一切都听上去挺好的，不是吗？嗯，我们好像遗漏一个小细节（也就是风险）。如果交易没能完成，太糟了，刚刚还是80美分盈利的小甜点，转眼就变成了 3美元损失的大毒药（对一个7.5美元的股票而言）。如果HBJ决定从交易中撤退，那肯定是他们发现了柏园公司潜藏的问题，比如，真正的圣诞老人是不会滑水的，美丽的花朵其实是塑料的，资产表里填满了垃圾。这将导致股价跌破4.5美元，风险损失将大于3美元。

但在这个案例中，交易一拍两散的可能性非常低。

首先，这场交易能带来许多好处。HBJ所拥有的海洋世界主题公园就坐落在奥兰多，离柏园并不远。因此对HBJ来说，已经相当熟悉一家以游客为对象的企业的属性，而且正如报纸上提到的，在两家企业的交叉市场上，还可能存在着机会。

其次，这场交易并不存在融资风险。HBJ是用自己的股票购买柏园公司的，此外，对HBJ公司所有的资产规模来说，柏园公司只能算是极小的收购，如同雷达屏上的一个小亮点。

再者，没有什么法规对此进行限制，虽然有反垄断法，但与此并不相关。

最后，就是上面提到的股东投票，而这里，唯一需要投票的是柏园公司股东，他们通过提议，简直就是十拿九稳的事。

那么，后来发生了什么？哦，也没什么大事。就是在交易截止日的前几周，柏园公司居然掉到了阴沟洞里了。在此事发生之前，我从不知道什么是阴沟洞（很明显，在这个国家里某个地方的地壳未经允许就裂开了一个大洞）。来自阴沟的风险可不属于我是否参与某项特定的并购事件的检查项目。一名《华尔街日报》的记者，肯定不是柏园公司的股东，像是嗅到了风声，“对于佛罗里达柏园公司的管理层，这是艰难的一天”，文章以此开头，他接着写道，“仅有”一个大亭子掉到了阴沟里。据一位公司的官员说：“……有一些噪声，你会发现一些水泥块凸出了路面。”但根据《华尔街日报》报道，没有人员受伤……但是公司认为由于设施已经无法使用，这“将造成收入的减少，而且，目前还不知道受损的程度”。

公司也提到了与HBJ的临时性的收购协议也可能因此而受影响。公司需要45天来评估损毁情况，以及索赔的程度，佛罗里达柏园公司将推迟向SEC递交与并购有关的文件和表决文件。

我不禁眉头紧蹙，心中疑虑重重。首先，那个所谓的“临时性的协议”是从哪儿冒出来的？在我的字典里，交易就是交易。其次，我刚刚还漏提了另一个小风险。当并购消息宣布之后，我就巧妙地建立好了套利头寸（买进柏园公司，卖空HBJ），但在‘阴沟门’事件发生之前，HBJ的股价居然上升到了60.75美元，如果交易最终泡汤了，由于我的以柏园公司股票交换HBJ股票的如意算盘落空，我将不得不买回我卖空的HBJ股票，不然的话，我只能进监狱。你还记得吗？这真是祸不单行，卖空股票，我只得了 8.3美元的好处（0.16 × 51.875），现在却要我加付利息到9.72美元才能买回（0.16 × 60.75美元）。这样一来，我在HBJ上每股就要损失1.42美元，再加上我在柏园公司上的3美元损失，一只7.75美元的股票让我损失了 4.42美元。这还没完，如果柏园公司的设备损坏程度足以摧毁此次交易，那么它自身的股价也许也将下跌到3.5美元，甚至是2.5美元/股。如果2.5美元的噩梦成真，那么我的损失居然要扩大的6.42美元/股。只为追求80美分的利润，我却承受了如此大的风险。简单地说，那种美好的、难以言状的情感，和我童年的回忆，都将伴随着我的钱一起掉入阴沟洞里。

万幸的是，这最坏的情况没有发生，柏园公司所遭受到的损坏程度没有如此之大。经过近一个月的讨价还价，最终的方案从最初的交换0.16股HBJ股票，改为以固定的7.9 美元价格交换HBJ股票（此价格相当于HBJ的10日平均价），股东投票并将交易结束日定为8月中旬。

由于在阴沟事件发生后我被迫买回了我卖空的HBJ股票，否则，我将不得不冒股价进一步上升的风险。结果如前所述，我损失了 1.42美元（对每一股柏园公司股票而言）。我买进的柏园公司股票的价值相当于每股7.5美元的HBJ股票，以7.9 美元价格卖出HBJ，实际收益是每股40美分。最后的结果是在5个月的时间里，7.5美元的投资让我损失了1美元。考虑到我预计遭受的最大损失，这个结果已经相当令我欣慰了。毕竟，有些事情你无法为它们定价，比如你儿时的回忆，等等，特别是无法精确到每份1美元的地步。

当然，这场最终未爆发的大灾难已经过去10年了。现在，像这类阴沟门事件早已列入了每个人的检查表中，这下是不是就安全了，可以回来继续玩了？只是在浅水区戏水，应该没有什么问题，是吧？恰恰相反，在并购套利这一块，事情变得更糟了。今天，如果柏园公司并购案再重演一遍，那么套利价差将缩小到30美分，而不是原来的80美分（当然，年收益率也跌到了17%）。价差的缩窄，其中的部分原因是当前的低利率，但更主要的原因是因为并购套利领域人满为患。千万不要忘记，回报率只是等式的一个变量。**风险报酬率，即在一次投资中你所损失的数额/你所得到的数额，才是决定长期回报的更重要的变量。特别是在一个竞争日趋激烈的领域中，如果在努力追求非常高的短期回报时，勿忘反复检查风险报酬率这个变量。用计算器来代替大脑思考这种蠢事经常在银行**

业、保险业和股市中出现。由于股票系统这种运转方式，我想将你带到那些依然充满着机会的领域去，但老实讲，并购套利并不在其中。

也许我对并购套利的态度过于灰色了，这是在短时间内连遭七次失败案例的结果。对于个人投资者而言，这是个需要持续跟踪的投资领域，远不如其他替代场合更好。我认为大多数投资者最好将它搁置在一旁。如果你还没有被说服……请看下回分解。

| 案例分析8：联合国际与瑞恩保险 |

有惊无险的并购案

1982年7月，联合国际公司（Combined International）同意收购瑞恩保险集团（Ryan Insurance Group），价格是34美元的现金或等值的联合国际的股票。根据这个计划，瑞恩保险的现任董事长，帕特里克·瑞恩（Patrick Ryan），将成为并购后公司的新1：20的候选人。联合国际的创始人,80岁的克莱门特·斯通（W. Clement Stone）在交易完成后，将卸任CEO之职。交易文件的最后签署还需得到双方股东的批准和监管当局认可。由于帕特里克·瑞恩及其家族拥有瑞恩保险近55%的股份，至少交易得到这家公司的批准应该是没有问题的。

时间终于来到了关键时点,8月底，双方股东的投票之日。虽然这笔交易的价格差并不大（我32美元买的），但回报率看上去还是很诱人的。投资32美元，在两个月内赚了2美元，收益率为6.25%；如果按指数计算，则年化收益率为44%。即使瑞恩保险的股价在并购宣布之前，只有区区的18美元，这个结果也还是不坏。但是，在年收益44%的背后，事实的真相是我冒着损失14美元的风险（如果交易未能通过），企图赚取2美元薄利。虽然我意识到了下行风险，但交易看上去毫无问题。在8月底的股东大会召开之前的日子里，一切事情看上去都好像在按部就班地进行（当时阴沟事件发生之前也是如此）。

通常，在这种没有第三方竞争的并购案里，特别股东大会不会有什么引人注目的事情。由于大会的结果早在人们的预料之中，因此它更像走过场。但不幸的是，联合国际的掌门斯通可不这么想。他是个出名的以“积极心态”为人生哲理的人，对尼克松当选总统有着巨大贡献的人，不甘心就这么无声无息地隐退了。根据此次会议的报道，斯通一把抓过话筒，大声宣布他已经改变了主意。他补充道，“帕特里克，或者其他的什么人”都不能领导联合公司。也许，斯通接着自我推荐，他应该继续留在CEO的位子上。一位观察员总结道：“最后一分钟，这个80岁的老人感到实在无法割舍自己的公司，这种感情清楚地写在他的脸上。”也许事实真是这样，但是我什么也没看出来，我还傻乎乎地沉浸在我的如意算盘中。

我完全蒙了，关于那天下午的事，我只记得由于一个“朋友”的好意，引出了一连串的麻烦，股东大会也不得不休会。那时我还在为老板打工，我负责这次投资。我的脸都变色了，以至于我虽然沉默不语，我的老板还是关切地问我是不是哪里不舒服。你知道，只赚2美元钱在并购套利里不是什么大生意，但这就是并购套利的运作原理。这里赚1美元，那里赚2美元，然后汇集起来。但是无论如何，一次亏损14美元可就不是小意思了。如果这种事情多来几次，那我只好灰溜溜地出局了，10次成功的套利经不起这一次的折腾。当我的老板问我怎么样时，我只好断断续续地挤出几句话，“有些小问题，但一切都会好的。”但是我的胃口却怎么也好不起来。

当然最后，斯通和帕特里克还是把所有的事情摆平了，股东大会在那天的晚些时候得以顺利结束，时间已经是股市交易结束之后了。

此次交易终于有了一个圆满的结局，但是并购套利的问题，凡事没到结束之时就没完。每时每刻，都有太多的事情不容有错。如果你能全天候地、谨慎地投入到这些事情中，那么你应该能获得还过得去的投资回报。这因为，虽然每个案例都存在发生意外的可能，但是其中的大部分都是有惊无险。但是一旦坏运气敲门，或宏观经济改变（如一次股市崩盘、石油危机），由套利项目组成的投资组合，相比由分拆等特殊事件组成的组合，其组合价值下降得更快，所遭受的永久性损失也更大。凡是破裂的交易，无不出人意料。将你的身心、金钱，好胃口都投入麻烦之中，是多么的不明智。如果你依然坚持按自己的癖好行事，就像你坚持怀揣剪刀，绕院子奔跑一样，那只好由你了。但想要赚钱，还有更容易、更安全的方法。

并购证券：持续跟踪并购事件的蛛丝马迹

下面讨论并购证券，如果你愿意，可以在家里操练一番。虽然在并购案例中，通常以现金和股票的形式支付给股东，但有时收购者也会用其他证券形式支付给股东，我们称之为并购证券。并购证券包括各种式样的债券、优先股、权证、权利等等。最常见的，收购者用这些“其他”的证券向股东支付部分的收购价，而收购价的剩余部分则依然用现金或股票支付。在有些案例中，收购者之所以选择并购债券向被收购的公司股东支付收购价，是因为他早已无力融资了，或者是他有意愿再发行一些普通股。而在另一些案例中，并购证券是作为附加甜点用来最终赢得交易，或在竞标的情况下，以此作为加价来击败潜在的竞争者。

通常没有人想要并购证券，就像美国知名喜剧演员罗德尼·丹泽菲尔德所言：他们没有得到应有的尊敬。

考虑一下下列场景，你正在散步（当然，你同时还在想着自己的业务），这时突然宣布了一个收购要约，对象正是你所钟爱的，同时也是持仓量最大的公司顶点马铃薯公司（Acme Potato）。巅峰公司（Topping Inc.）预见到两家公司并购后所产生的巨大的协同效应，同意以每股22美元的价格现金收购你手中的顶点马铃薯股票，并外加面值为3美元利率为9%的债券，到期日为2010年。顶点马铃薯的股价只有16美元，因此价格你相当满意。但是当交易完成后，你会如何处理你手中的战利品？如果你手中的是现金，那你会很清楚如何处理。你可能会买入其他公司的股票（也许是通用马铃薯公司），或者在电视购物频道上大肆采购，过把购物瘾。但现在你手中的是债券。记得吗，那个面值为3美元、到期日为2010年、利率为9%的债券（以每年3美元面值的9%作为利息，并在2010年归还债券所有人本金3美元）？

债券有时也可成为一桩好买卖，当然有时也不尽然，这取决于你是否留心。当你投资顶点马铃薯公司时，肯定是因为你想拥有一家马铃薯公司的股票，或者是因为股价便宜，或者是因为它是潜在的被收购对象，又或者上述三个因素的综合，但肯定不是因为想拥有其他公司发行的利率为9%的债券。你知道如何处理这些债券，卖掉它们。不仅是卖掉它们，而且是一到手，就马上卖掉。事实上，持有它并不需要你操心，但即便如此，它也让你不舒服。你会打电话给你的经纪人，冲他嚷道："帮个忙，我可不想拥有这些东西，把它给我换成现金。"

因此，我们知道你将要做什么。但是理性的机构投资者又会怎样呢？他们会狂按计算器，计算出这些由收购者发行的债券的到期利率、利息备付率，并对这家新的"巅峰马铃薯"公司的战略地位和协同效应来一次全面的分析。这个可能有必要，毕竟，那些真正的专家拿了钱，不就是为了做这些复杂的事情吗？不管对不对，答案都无关紧要。他们会卖掉他们持有的债券，和你一样，所不同的是，他们卖得比你更快。

持有一家马铃薯公司股票的机构投资者，不仅没有兴趣持有这家新的综合公司发行的债券，甚至在多数情况下，他们不被允许持有。多数的养老基金和共同基金的基金经理专职投资于股票或债券，通常他们只能二选一，不能兼得。即使他们能够同时买股票和债券，这当然毫无疑问是不可能的，但假设如此，在其债券投资所有可能的选择之外，即在不能加以考虑的名单中，这家新公司的债券通常会名列前茅。因此，归根结底，每一个收到并购债券的投资者，不论他是理性的个人，还是理性的机构，都一致地选择退出。

不必惊讶，这正是你介入的良机。它和分拆事件中出现的动机没有什么不同（事实上也确实相似），遭到恣意抛售的并购债券在大多时候都是你极好的买入时机。分配给股东的分拆和并购证券，都与股东的原始投资目的不相符，因此股东们会卖出这两种证券。而且，在卖出这两种证券时，通常不会考虑它们的投资价值。这样做的结果是，这两种证券让你赚了大钱，真让你感到奇怪吧！希望你已经完全相信我了，但为了以防万一，我还是分析一些真实的案例。

| 案例分析9：SRF公司与RAD公司 |

紧跟管理层的步伐

你曾幻想成为一流的金融家吗？你是不是认为需要许多钱才能成为金融家？但有时，一次并购证券的投资就能使你大翻身。好消息是这种机会在并购文件里很容易找到，而且，与通常一样，几乎没有人愿意费心去看一眼。

1989年1月,SRF公司（Super Rite Foods Inc，以下简称为SRF）的董事长组成了一个管理层投资团队，要约收购这一家食品杂货连锁店，价格是每股18美元现金，外加新发行的价格为5美元的优先股，每年派送股息75美分（按面值算，股息率为15%）。像这种公司的内部管理人士向公众股东收购股份的行为，一般称之为私有化收购[①]。私有化收购之所以很有趣，是因为公司的内部人士决定购买公司的全部股权，这行动本身就揭示内部人士对公司未来的强烈信心。如果有机会通过购买并购证券，参与此类交易，这种机会当然是不容错过的。

在本案例中，根据报纸所言,SRF公司47%的股份属于RAD公司（Rite Aid Corp)。RAD公司是一家大型药品连锁店。SRF公司的董事长和收购团队的领导是亚历克斯·格罗斯（Alex Grass)，恰巧也是RAD公司的董事长。据格罗斯自己说，由于RAD公司的董事们按要求需结清他们手中的SRF股票，而他和他的管理层团队有兴趣买下公司其余的股票，管理层团队打算通过杠杆收购的方式完成此项交易。这种方法被广泛应用于公司私有化之中，其实质是指少数投资者以被收购公司的价值作为抵押，借钱买下整个公司。而在这里，管理层团队想要买下SRF的全部股份，只需投入很少的钱作为权益资本，付给股东18美元现金的不足部分将通过借贷补足。协议为了增加现金支付，还为股东提供了票面价格为5美元的优先股。

基本要点是,SRF的未来盈利应能够支付贷款利息，以及按照优先股的规定进行分红（这有点像买下一个办公楼，先付20%的押金，其余80%用抵押贷款支付，希望未来该楼的租金足以偿还贷款本金和利息）。如果SRF公司的经营如人所愿，收购贷款将偿还，公司的价值将增加，管理层团队的原始权益投资将会倍增。整件事情中，最有意思的事情就是代理委托书，里面的内容极其丰富。由于在这类私有化收购中，可能存在着管理层团队和公众股东（这里也包括RAD公司）

---

① 私有化(going private)：美国资本市场上出现的这一“私有化”(going private)，不同于国企改革中的“私有化”(privatization)，后者指国有股东退出企业，将股权转让给民营资本，而前者是指上市公司公众股东接受大股东的收购条件而退出公司，使上市公司丧失公众公司性质。

的利益冲突，所以证券交易委员会（SEO）特别留意公布的并购文件，以确保其中最重要的信息得到了充分的披露。

自从1月份宣布收购后，进展似乎不像收购团队想的那样一帆风顺。其他有兴趣的投资者也想参与竞购SRF，董事会中的董事们（不包括来自管理层团队的董事）被迫拍卖公司。虽然到了3月份，公司与管理层团队达成了一份新的收购协议，但收购价格已经大大抬高了。每股SRF的最终收购价是现金25.25美元，新发行优先股的票面价格为2美元，年股息率为15%，另外再外加权证，权证的总价值为私有化后的公司价值的10%。在代理委托书送达股东之前，无从得知有关出价的具体细节，现阶段只有一件重要的事情是清楚的："嗨，他们不仅仅用现金出价，其中还包含其他的东西，但这其他的东西又是什么呢？"

无论何时，当你看到类似SRF的案例时，你的大脑里某根敏感的神经就该被触动一下，这理应成为你的本能。虽然《华尔街日报》和其他刊物都会报道这些消息，但是它们都不会专注于此，而这恰恰成为你应该专注于此的理由。并购证券能给你带来异常巨大的获利机会，这种意识将使你具有巨大先发优势。虽然许多人都看到了同样的标题，但只有你会将注意力和精力集中到别人忽略的地方。由于几乎所有的人都是卖家，因此即使有一两个人发现了你的小秘密，也不妨碍你拾取遍地都是的并购证券。这就是这套系统的运作方式。适当的专注和少量的研究相结合，你可以使这套系统为你工作。

对SRF案例而言，阅读在代理委托书中所披露的信息，获利就像按图索骥那样简单。委托书在8月份送抵，并购条款一一列明其中，包括对两种证券的解释。当然，25.25美元现金是很直白明了的。2美元面值，每年15%股息的优先股（在委托书中称之为"高等级的累计分红的可赎目和可交易优先股"）理解起来就稍有不同。无论这个优先权看上去多么有趣，每位股东的每一股SRF的股票都只得到一股2美元面值的优先股。与同时收到的25美元现金相比，优先股的价值占SRF股东在本次收购中所获得总价值的比例非常小，这将进一步诱使SRF的股东忽略评估优先股的价值。

另一个并购证券，即"持有人可无成本地"获得并购公司10%权益的权证，则看上去更有趣。一般来说，权证代表一种购买权利，可以使持有人以指定价格买进一家公司的股票。但在本例中，因为买进价格为零，这就意味着权证持有人实际上和管理层一样，是这场杠杆收购的出资人。SRF股东都会根据其手中持有股份的数量，收到一定数量的权证。因为这种权证在收购结束后就可以公开交易，任何想参加这次杠杆收购的人，都可以在公开市场中从选择卖出的SRF股东手中买到这些权证。根据委托书的说明，每位拥有21.44股的股东都可以收到一份权证。根据SRF公司聘用的投资银行估计，每一股SRF股票所获得的非整数的权证价值在25~50美分之间。如果SRF股东会不加思考地卖掉他们手中的优先股，那么由于权证的价值相比优先股要小得多，很有可能他们也会想也不想地把权证卖掉。

事实也是如此，在并购完成后的几个月里，你可以以极低的价格买进权证（每一股权证的所有人可以买进1股由SRF管理层组建的新公司的股票）。由于21.44股SRF股票才能换得1股权证，6美元的权证价格（那段时间里的近似交易价格）摊薄到每股SRF股票，对应每股股票的权证价值为28美分，几乎就是不值一文。当然，6美元只是权证的交易价格，那么它们的真正价值又是多少呢？ 现在，仔细阅读委托书的好处就显出来了。

在标题为"某些推测"的章节里，SRF的管理层预测，公司刚刚争取到的一位新顾客，在未来的3年内，每年将为公司增加8000万的销售额。根据同一章节的信息披露，由管理层组建的，从SRF继承而来的新实体，到那时，每年可以赚得每股5美元的税后自由现金流（什么是自由现金流？它不难理解，请参看第7章）。即使采用适度的10倍自由现金流计算，新股票的每股价值为50美元。这就意味着现在以6美元交易的权证，其价值也为50美元（因为权证持有人购买这50美元的股票无需再支付其他的费用）。虽然我对长期预测常常抱着怀疑的眼光，但这次由于管理层自己买下了公司，那必定意味着他们对未来抱有信心。退一步讲，即便在3年内公司的价值远低于50美元，对权证持有人而言，也还留有足够的空间，可以安然脱身。一句话：虽然不乏投机成分，以6美元的价格买进权证，看上去是非常好的交易。

在并购结束之前买进SRF股票，情况会有什么不同？在9月份，也就是在并购结束之前，我能以25.5美元和26美元的价格买进SRF的股票，这就意味我能以更低的价格获得权证和优先股。假设我以26美元的价格买进，当并购完成以后，我将收到25.25美元的现金，这样一来，2美元面值的优先股和权证的真实价格仅仅只有75美分（其中的权证至少也值28美分）。当然不能忘记，如果因某些原因交易失败,SRF股价必将从哪来回哪去，跌回每股17 美元，甚至更低。想想这个事实,26美元的投资只为追求价值28美分的权证，心中的激情火花立马就灭了。总之，在公开市场中购买权证（也许还有优先股）的方法是上上之选。

最后的结局又如何？很棒！仅仅并购后两年,SRF公司重新公开上市。最初以6美元交易的权证在管理层宣布重新上市时，交易价格超过了 40美元。优先股表现得也相当好，虽然在并购完成的几个月内，优先股的股价跌到了只有其面值的5到6折，当公司重又公开上市时，其价格超过了面值的100%(这个回报还不包括每年15%的股息)。**请记住，投资杠杆并购证券通常是有风险的业务，不是任何时候个人投资者都有机会与管理层和一流的金融家一起投资的，能够以打折的价格在公开市场中买到这种证券的机会是比较少见的。**

并购证券就在那里，打声招呼，说幸会!

案例分析10：派拉蒙收购战

你所不知的 CVR

就像每个人都可以找到适合自己尺码的漂亮的夏威夷草裙，投资也一样。让我们看一看这场历时6个月，充斥着头版版面，激烈而又拖沓的收购战。幸运的是，战斗的结果是在并购证券树上结满了几十亿美元的累累硕果。虽然有大量的篇幅报道了派拉蒙传播（Paramount Communications）所遭受的袭击，但是大多数投资者都在这场广泛报道的事件中错失最大的获利机会。

1993年9月，维亚康姆（Viacom）计划以股票和现金的方式收购派拉蒙传播公司。由萨姆纳·雷德斯通（Sumner Redstone）掌控的维亚康姆是一家综合性公司，旗下包括有线电视服务（如MTV、有线电视频道Nickelodeon、有线电视网

Showtime)、有线电视系统、广播台、电视传输和制作部门等等。从表面上看，大多数分析师都认为并购有利于维亚康姆，与派拉蒙并购后，将诞生出一个在许多方面都处于领先地位的制造和传播商，服务涵盖动画、电视节目制作、图书出版、有线电视频道、电视台和两个运动队。派拉蒙丰富的老电影和电视节目资料库是维亚康姆的兴趣所在，当然，派拉蒙未来的电影和电视节目的产品也同样吸引人。

福克斯电视网络创始人和QVC电视购物的董事长，巴里·戴勒（Barry Diller)，也在积极地伺机扩张其帝国版图，因此，在维亚康姆的要约发出一周之后，也发出了竞争性的收购要约。经过5个月的竞价战役，维亚康姆笑到了最后，但其出价已大幅度提升，而且内容也面目全非了。在整个战役期间，为增强叫价的强度，维亚康姆还宣布与百事达娱乐公司（Blockbuster Entertainment）并购，并购截止日定在成功收购派拉蒙公司之后。多家传奇性公司卷入这场战斗，还有一群犹如上足了发条的律师和投资银行在旁鼓噪，其情节非常引人入胜，一直到1994年1月，决定性的战役结束了，维亚康姆用现金买下派拉蒙50.1%的股份。虽然争夺已见分晓，派拉蒙的故事也从头版上消失，但其实获利机会犹如小荷的尖尖角般刚刚露了个头。在派拉蒙7月的股东大会之前，并购交易不会真正地结束。由于维亚康姆已经掌握了派拉蒙50.1%的股份，投票应该是走过场。唯一不寻常的是派拉蒙剩余49.9%股份的支付方式。由于派拉蒙股份的一半已经用现金得以兑现，那么它的另一半股份就只能用除现金以外的其他形式来支付，这就是为人所熟知的第二阶段并购。《华尔街日报》一如既往地加以报道，但再一次不得要领。

派拉蒙的第二阶段支付内容为，每一股派拉蒙股票可以得到：

（1）维亚康姆普通股；

（2）维亚康姆可交换次等级债券；

（3）名为“附带价值权利”的证券（每一股在并购中获得的维亚康姆普通股可以获赠一份）；

（4）有效期3年、行权价格为60美元的维亚康姆普通股的配股权证；

（5）有效期5年、行权价格为70美元的维亚康姆普通股的配股权证。

在7月送交派拉蒙股东的代理委托书中，所有与并购有关的信息和这种奇怪的并购证券的说明都写在里面。信息虽然唾手可得，但大多数股东并不想费心弄明白它们的含义。派拉蒙的多数股东，要么是想拥有娱乐巨头的股份，要么是想拥有潜在并购对象的股份。因此，维亚康姆的普通股可能正合其中某些人的胃口，而其他诸如可交换债券、带附加价值的权利，以及那两种权证肯定要被出售，甚至懒得看一眼委托书，或者考虑一下它们的价值。即便对派拉蒙的股东而言保留这些维亚康姆的普通股票是最佳的选择，也同样不可避免地面临抛售压力。根据委托书中的说明，基于完成并购的需要，维亚康姆必须再发行现有股票数量3倍的普通股。

尽管委托书很长，但是有关并购债券的部分却不是很多。事实上，如果你真想弄明白“这个东西到底是什么”，那么总共只有3页纸的“派拉蒙并购对价”[①]就回答了你的问题。每一种并购证券都很有趣，嗯，的确，这没有什么奇怪的。

例如，购买一股维亚康姆的普通股，以及购买一份有价值权利[②]（以下简称CVR），这两种行为的结合就能创造出独特的投资机会。维亚康姆发行这种CVR证券，是为了担保派拉蒙股东在并购的第二阶段所获得的证券的价值。这种价值担保，可能只是维亚康姆为赢得并购而做出的负责任的态度。CVR的工作原理是，如果在并购完成后的一年里，维亚康姆普通股的价格低于48美元，维亚康姆公司将向权利的持有人补偿其中的差价（比如，在并购完成的周年庆时，维亚康姆的股价是44美元，维亚康姆将向每份CVR支付4美元，如果维亚康姆股价在那时是38美元，那么维亚康姆将向每份CVR支付10美元）。

如果投资者为自己手中的每一股维亚康姆股票配对一份，那么他就可以确定在一年之内他的这一对证券组合的价值至少为48美元。如果维亚康姆股价超

① 对价（consideration）：在法律英语中的含义即为换取另一个人做某事的允诺，某人付出的不一定是金钱的代价。

② 所谓“有价值权利”(Contingent Value Right)，是由上市公司发行的、赋予持有者在有效期内以固定价格出售公司一定数量股票权利的一种有价证券。

过48美元，比如说55美元，那么CVR的价值将变为零，但这对组合的价值则为55美元，这比公司担保的48美元价格当然更好了。

不可思议的是，在并购后很短的一段时间里，一份CVR和一股的维亚康姆股票的价格相加只有37美元，这使得48美元的担保价看上去很诱人，想想看：30%的年回报，很低的风险，股价上升空间无限。哦，我好像还遗漏了几点风险。首先，维亚康姆支付给持有人的最高限额为12 美元，也就是说，如果一个投资者以37美元价格买下这对组合证券，那么当维亚康姆股价跌到25美元以下时，他还是会亏损的。其次，维亚康姆可能会拖延CVR的支付时间，但这种情况只在付给CVR价格高于12美元时才会发生。

不管这种CVR有多少可能的风险，这个特殊例子讲了一个重要的道理。那就是商学院不教CVR的知识，书本上也没有对它们的描述，没有人告诉我应该买下它们。我是通过阅读委托书才弄明白CVR是如何运作的，但是，因为我拥有一件秘密武器，相比其他投资者，我就拥有了某种优势。**这个秘密武器说来简单，它就是：审查并购证券必有利可图**！派拉蒙收购是这类投资机会的首例，它是那些在此领域里已有所准备的人特设的。当然，在这次派拉蒙收购中，CVR不是唯一发行的并购证券。因此其他一些（事实上，应该是全部）证券也值得细细研究。

其中一个证券，5年期的行权价格为70美元的维亚康姆股权证，看上去就非常有趣。这种权证赋予持有人一种权利，允许他在5年的时间里以70美元的价格买进维亚康姆股票。维亚康姆股价在1994年7月大约是32美元/股（就在维亚康姆将股权派发给派拉蒙股东后不久），这个以70美元购买维亚康姆的权利看上去不太吸引人了。这种环境让我想起了古老寓言中的农夫，他被拉了国王面前，并被判了死刑。

农夫哀求道：“等等，请等一下。陛下，饶了我吧！请你饶我一年，我将教陛下的马说话。”

“说定了，”国王答道，然后重申一下条件，“如果你在一年内教会我的马说话，我将恕你无罪。”

在走出皇宫的路上，一名国王的卫士将农夫拉到一边，问："你为什么告诉国王，你能教马说话呢？一年后的今天，国王肯定要砍你的头！"

农夫答道："对此我可不那么肯定。一年的时间真是太长了，在这一年的时间里，也许国王会改变主意、也许国王会死、也许马自己死了、也许我死了。也许，谁知道呢？你给马一年的时间，没准它真能讲话！谁知道呢？"

如果在1年里能发生这么多事情，想一想，5年里，维亚康姆股票会发生什么（忘记维亚康姆股票，想一想你遇到意外吧）！毕竟，维亚康姆借了一大笔钱才买下派拉蒙。记得吗？运用杠杆，如果维亚康姆的资产价值增加，那么它的股票价值将显着增加。况且，在并购成功这件事情上，维亚康姆的大股东雷德斯通押上了他全部高达几十亿美元的财富。此外，就在几个月前，维亚康姆的股价还曾达到60美元/股。由于它们都是并购证券，因此它们"有理由"呈现一个低廉的价格。虽然这些理由看上去都很充分，但是它们都不是为什么这个5年期的购买价为70美元的权证看上有趣的主要理由。

这个5年期的行权价为70美元的权证看上有趣，其主要理由就隐藏在那3页阐述派拉蒙并购对价的章节里。根据委托书的说明，这个5年期的权证赋予持有人以权利，允许他在5年的任何时间里以70美元的价格购买维亚康姆股票。根据一般权证的定义，权证的持有人有权在付出70美元现金后，换得1股维亚康姆股票。但它不是一般意义上的股票购买，这里，权证持有人有一个选择。这70美元可以是现金，这和普通的权证也没什么不同。但同时，这70 美元也可以用其他派拉蒙并购证券的等价面值来交换。哪种并购证券？就是我前面提到的可交换的次级债券，列表的第二项。

机会就在这里，在派拉蒙并购完成以后，这些证券竟然在以它们面值的60%进行交易，就是说，我只需付42美元（70美元的60%）就可以买到70美元面值的证券。如果我同时还买进了5年期的权证，则根据委托书中列出的有关事项，我其实有权以价值42美元的并购证券，而不是70美元现金买进维亚康姆普通股。而且在5年内，这个权利一直有效。维亚康姆股价那时是32美元，用42美元的价格买下股票持有5年，肯定比70美元价格买下相同的股票更有价值。如果我没有读到这一段有关并购证券的章节，我还真不知道有这种机会在等着我。

如果还有人担心，信不信由你，这其中还有意外好事。如果前面提到的维亚康姆和百事达娱乐公司的并购能在稍后完成（确实如此），权证的条款将改变，可交换次级债券的价值将大幅增加。**你无需知道细节，但是结论是，不论发生什么，同时买下权证和债券是一件稳赢的交易。**

再说一次，虽然这有些复杂，而且本案例的几个特殊之处互不关联，但关键是你不可能在学校里学到这些知识。也没有人告诉我在派拉蒙并购证券里，有这么许多不可思议的条款。我所知道的就是要读一读在委托书中有关并购证券的章节，委托书自会解释这些证券如何使用。很有可能，下一批的并购证券会有完全不同的条款，只需记住要读它们就行了，选择其中你理解的和有吸引力的证券投资。当然在像并购证券这样有吸引力的地方，寻找廉价品，你已经在这场游戏中领先了。即使是一家像派拉蒙这样有名的公司被收购，大多数投资者也不会关心这些并购证券。由于多数收购案不会占据头条新闻达几个月之久，可以想象，那些普通的收购案完全有可能被投资者所忽略。更加幸运的是，大多数案例要比派拉蒙并购案好理解得多，除非你根本不想去读它们。如果是那样的话，无疑，你将失去在最有利可图的领域中赚取利润的机会。

并购证券，就在那儿，等等，我已经说过了。

小　结

并购套利——最好别干！

并购证券——可以干！

第5章

破产与重组带来投资机会

BLOOD IN THE STREETS(HOPEFULLY, NOT YOURS): BANKRUPTCY AND RESTRUCTURING

每个公司走入破产法院的原因都不尽相同，生意不好只是众多理由中的一个，其他还有管理不当、过度扩张、政府限制、产品索赔及行业环境的改变等等。

大公司的重组也许是寻找投资机会的天赐良机，其理由是，那些被出售或被清算的部门实际上遮蔽了公司其他业务部门的内在价值。

公司破产的投资时机

你可能会说，随便怎么看破产都不像是投资的乐土。事实也许如此……但也有可能不是。在投资世界的某个角落里，在那些处于破产阶段的公司身上其实也充满了机会。研究这些领域的最好方法，可能就像我父亲所说的：思想开放，只要脑子不进水就行。这些处于破产阶段的公司常常会被错误定价，当然这绝不是说所有与破产有关的证券都是便宜的。

正相反，当你准备在破产领域里有所动作时，精选属于你的目标是避免让你自己破产的唯一办法。

每个公司走入破产法院的原因都不尽相同，生意不好只是众多理由中的一个，其他还有管理不当、过度扩张、政府限制、产品索赔及行业环境的改变等等。特别是近10年来，由于一系列收购和兼并的后果，大量的债务迫使许多盈利和颇具吸引力的企业进入了破产程序。这些企业中有一些是因为其业务的周期性太强，以至于无法按时支付利息。换句话说，过度乐观的计划和过于沉重的债务的双重打击迫使一家好企业陷入了破产。正是这些质地良好，但杠杆过高的企业带来了最令人兴奋的投资机会。

不论你对这类特殊企业的前景怎么看，买进正在申报破产的企业的普通股，那肯定不是一个好主意。拥有破产公司普通股的投资者是破产过程的最底层，雇员、银行、债权持有人、进货赊账人（大多数为供应商）和美国税务局，所有这些人在清算破产公司的资产时，都比股票持有人拥有更高优先权。《联邦破产法》第十一章所规定的破产申请，其基本意义在于为企业在不受借款人干扰的情况下持续经营提供法律上的保障。虽然《破产法》为企业的重组预留了时间，但是，即便公司得以从破产中恢复，还能记在股东名下的资产也必定所剩无几了。虽然事实无可辩驳，但是市场中破产公司的普通股估值依然偏高（通常是未经调整）。造成估值偏高的原因是表面的低价格、无知和不正当的投机心理。其实这种现象的成因无关紧要，重要的是，记住，投资破产公司的普通股是无利可图的投资策略（如果你确实钱多得无处可花，别不好意思，那就多买几本书吧）。

那么，如果买进破产公司普通股的道路走不通，那还有什么可买的呢？答案就是除普通股以外的所有东西。

首先是破产公司发行的债券。在有些案例中，这些债券的交易价格只有其面值的二到三折。一般情况下，一家公司会有多种债券，如优先有担保债券、优先次级债券、初级债券、次级债券、零息债券以及谁知道叫什么的债券，不同的债券拥有不同级别的权益要求权以及交易价格。其次是银行债务，没错，银行债务。最近几年里，破产公司已经违约的银行贷款也形成了一个相当活跃的市场，由经纪公司组成的共同体将公司的银行债务按问题大小加以区别交易。因此银行债务也分成许多种，高等级、有担保、无担保等等。破产索赔权的级别不同，价格也相应不同。有时，你可以以原贷款值的一小部分买下这些银行债务。

现在活跃的破产债券中又多了一个新成员，贸易索赔权。这种索赔权利属于破产公司的供应商，他们在公司申请破产之前为公司提供了商品、原材料或服务。虽然贸易索赔权的买进或卖出相当复杂，但是那些专门交易问题债券的经纪商，也会为贸易索赔权提供一个交易枢纽。

当然，即使你能买到破产公司的债券、银行债务、贸易索赔，也不意味着你应该买。在典型的破产处理过程中，常常会冒出来许多法律和财务问题。这些问题不仅局限于债务人和债权人之间，而且出现在不同级别的债权人所拥有的索赔权和优先权中。每家公司关于破产过程和具体细节的谈判都是不同的，那些专注于此领域的投资者也被称为兀鹫投资者[①]，他们都精于理解和解决纠缠

---

① 兀鹫投资者（vulture investors）：指买进陷入财务困境或经营有待改善的企业的债务，通过直接或间接对公司施加影响，在改善公司的质量后卖出，从中获取高额回报的投资者。

其中的法律和金融问题。在许多案例中，在破产的初级阶段，并没有多少金融方面的信息，法律和进程太不确定了，即便是那些老手也要等等再下决定，因为过往的经验只能作为一种参考。

此外，就像并购套利一样，在过去的10年间，关注这一领域的人也越来越多了。尽管对那些有志于投资破产公司证券的投资者来说，这里仍然有许多机会，但如果你不想将这种特殊的投资方式作为你的终身职业，你最好将注意力集中到其他地方。

集中到哪里？好吧，我来告诉你。我不会浪费你的时间去讨论我根本不知道的事情。你认为我会吗？当然不会。

如果我告诉你上述麻烦事得到解决的具体时间，你觉得怎么样？

如果我告诉你，有一份公开的文件，所有有关破产处理的结果都在上面一一注明，同时还有管理层对公司未来经营的展望，你觉得怎么样？

如果我告诉你，你可以从那些现在不想，而且永远不想再拥有这些债券的卖家手中买下这些债券，你又会觉得怎么样？（你还记得分拆和并购证券吗？这是它们的孪生兄弟。）

概括起来就是，有机会，有可能，同时你也能做到。虽然投资于一家仍处在破产之中的公司证券，必定要承担各式各样的风险和麻烦，但是一旦该公司从破产的困境中恢复过来，则会带来全新的，但又与我们已知的投资最相似的机会。破产公司债券的持有人，不论是银行债务、债券，还是贸易索赔，所有这些索赔都不会用现金支付，因为绝大多数公司都不会带着大把的现金去申请破产。

除了一些高等级债券的持有人会得到一些现金外，一般债券持有人将得到新发行的债券或普通股，以替换他们手中破产前的债券。这个刚从破产中走出来的公司，它的新的主要股东和债券持有人都是公司以前的债权人。那些在公司破产前持有股票的前股东，在通常情况下，要么是一无所有，要么只能得到新公司发行的一些不值几个钱的权证或股票。

你的机会就来自于那些新发行的普通股。在公司新股票开始交易前，所有

有关信息，如破产事宜、公司过往的表现、新的资本结构等等，都可以轻易地在披露声明中得到。声明由公司向破产法院递交，你可以直接从公司索取，也可以从私人服务机构得到（见第7章），或者在某些情况下，也可以以SEC那里得到这份以登记声明面目出现的同一文件。由于在这个披露声明中，包含了管理层对企业未来的规划，因此比登记声明包含了更多的信息，而登记声明更多的是为了股票发行之用。简而言之，声明中详细解释了过去的各种关于破产的纠纷和麻烦，并为所有人展望了（至少是被管理层精心调整过的）未来，只是公司的许多新股东并不在意这些展望。

由于新股票是定向发给银行、前债券和贸易索赔的所有人，因此有充分的理由认为，普通股的新持有人并没有兴趣成为公司的长期股东。由于种种不幸的事件把这些前债权人与这起他们不情愿的投资捆绑在了一起，顺理成章的，他们必定急不可耐并心甘情愿地想成为卖家。**事实上，我们有理由相信，银行、债券投资者及供应商都各有理由，想尽可能快地卖掉他们手中的股票。虽然这种情况很有意思，而且常有捡便宜货的机会，但是，每当我投资破产公司的新股票时，我常常迫使自己重复颇有价值的真言：不熟不做。**

与分拆事件不同，如果随机买入刚从破产中走出来的公司股票，并由此构成投资组合，如果想以此组合取得超越市场的成绩，这种想法不太靠谱。理由还不止一个。首先，大多数这样的公司，它们都有很好的理由才会在破产法院待过。要么它们是些艰难且无吸引力的企业，要么是在行业中没有竞争力的企业，或身处正在萎缩的市场环境中。即便是在破产过程中，这些企业被豁免了许多债务，但是依然资本匮乏，无法有效地参与竞争。如果某家企业很容易出售，那么债权人在这家公司还处于破产阶段时，就会强迫将其出售。结论就是，在许多案例中，那些从破产中复兴的公司，品质普遍不高，其股票的长期表现也将反映这一事实（虽然真正的问题公司常常遭到清算，从而无法从破产中走出来）。

我相信，如果碰上了性急的卖家和不受欢迎的企业，你至少可以淘到一个较低的首发价格。不仅如此，一项由爱德华·阿特曼（Edward Altman）、艾伦·埃伯哈特（Allan Eberhart）和瑞娜·阿格华（Reena Aggarwal）这三位知名的研究破产的教授在1996年共同完成的研究表明，从破产中重生的公司股票，其表现明显地好于市场。研究发现，这些股票上市后200天内的表现要比市场指数领先20%以上。不过对待统计数据我们要当心，因为事实常常与之相悖，特别是那些较大的破产公司表现尤其如此（根据这份研究，那些低市值股票的表现最出色，无疑，这将导致那些规模较大的投资者无法复制这一成绩）。

有一个组织在较早的时候曾经提到，在过去的几年里，价值投资者对破产市场的影响在与日俱增。这些投资者倾向于在公司还处于破产之中时，买进它的银行债务、债券和贸易索赔权，而且是在这些债务转换为新的股票和债券之前买进。价值投资者认为新的债券和股票将在一个较高的价格上交易，他们也能因此而获益。他们希望通过买进破产公司的债务，为他们“创造”出一个有吸引力的卖出价格。在某些案例中，这些新发行的股票在普通投资者见到之前，就已经被“兀鹫投资者”抢光了。

那么，为什么还要费心在破产公司新发行的股票中寻找便宜货呢？主要的原因是：尽管天空中兀鹫盘旋，这些新股票依然有适宜的环境，促使其被错误地定价。

首先，这些兀鹫投资者虽然精通金融和错综复杂的破产法律，但也许同长期价值投资者相比，他们有不同的价值取向和洞察力。

另外，兀鹫投资者通常不会买进所有的银行债务。那些不想成为股市英雄的银行家、债券持有人、供应商，都早已做好了准备，抛掉手中的股票。

再次，就是华尔街的因素。不同于慈善组织或一些神秘的蒙古部落，华尔街是皆为利来。通常情况下，当一家公司在首次公开发行中出售自家股票时，应征而来的经纪人大军纷纷向他的顾客推销这只新股。与真实的征兵不同，这些经纪人背后有来自销售佣金的激励。如果一家经纪公司的研发部门新近跟踪了某家公司，那么这些经纪人也会飞快地介入到对其股票的销售上去。公司管理层飞遍全国，展示公司的前景，据说这叫“路演”。与这些首次公开发行不同的是，华尔街通常会忽略那些从破产中复兴的公司的股票发行，没人有兴趣宣传它们，没有佣金、没有研究报告也没有路演，这就难怪有时候这些股票被称为“弃儿股票”了。由于股东的短视和华尔街的漠不关心，在破产处理中发行的股票价格可能要过一段时间才能反映公司的前景。

如果这些公司常被错误定价，你如何将便宜货同本来就应当低价的垃圾货区别开来呢?

一种避免此类麻烦的方法就是学习巴菲特的方法：只选好公司，这样一来范围将大大地缩小。前面提到过，好的开始就是寻找那些公司，它们破产的原因是因为某次兼并或收购背负了过高的杠杆。也许一家好公司的营运遭遇到了短期的困难，公司由于其高杠杆而不得不破产。也许这家卷入一场失败的杠杆收购的公司盈利成长不如预想的快，不得不申请破产。有时候曾有过大型收购的公司最后却不得不破产，可能仅仅是因为它为得到战利品付出了昂贵的代价。

另一个可能导致好公司破产的原因就是它想保护它自己，免遭产品索赔的伤害。如果赔偿责任缘于一个停止或不相关的产品线，那么官司通常可以在破产过程中得到解决。沃尔特工业（Walter Industry）就是这样的例子，它在破产中成功地解决了石棉责任问题。有时候，公司通过关闭亏本的部门，并让一到两个有盈利和有前途的部门得到资金支持，从而走出破产程序。这种策略就是让公司次要的但是有潜力的业务成为破产结束后公司主要资金的受托部门。玩具“反”斗城（Toys R Us）就是其中最为有名的（也是最让人朝思暮想的）案例，曾经的弃儿股票，州际百货商店破产案的幸存资产，通过这个策略的催化，股价上涨了几百倍。

最后，如果你喜欢选那些不起眼的股票（而不是遵从巴菲特的建议），那么你总能在相貌平平的廉价股中找到灰姑娘。这些股票没有最好的或最流行的企业包装，但在破产处理的推动下，其股价与同行业的公司相比，就显得便宜了。这些前身为破产公司的新发行的股票，由于华尔街分析师不予跟踪，机构投资者对它也不了解，或者仅仅因为其还保留着某些破产的污点，它们常常会被相对低估。而在另一些例子里，投资者可能会认为新的资本结构虽然已得到了改善，但依然太危险。当然，如果公司业务表现良好，则股东也会因这些杠杆而大大获利。

还有一个导致弃儿股票的股价相对便宜的原因就是其低市值。由于无法建立起足够大的头寸，补偿其做研究所需要投入的时间和精力，这些股票在价值投资者眼中也没有吸引力了。这个理由也同样适用于研究分析师和机构投资者，在它们被发掘前，会在一段时间里显得孤单和廉价。

最后一点，大多数投资者都被由衷地劝告远离破产公司，而只挑选具有好公司基因的公司，如稳固的市场壁垒、品牌、特许加盟，或行业地位。但是，如果将巴菲特的理念应用于一组弃儿股票，而不是听从华尔街，效果会更加出色。

你在认真听吗？好极了。现在我可以放心了（当然，不是指我的良心），让我们去捡那些不起眼的股票吧。

| 案例分析11：查特医疗公司 |

什么是真正的好公司

在下面的事件中（对不起了，巴菲特先生），我将引入一些对企业未来不具有确定性的展望。我知道我是在薄冰上跳舞，只有当价格和展望足以令人信服时，我才有可能获取利润。

1992年12月，查特医疗的股票突然很有吸引力，原因是发生了一些事情。当然了，就在几个月前，这家公司刚刚从破产中挺过来了，是只典型的弃儿股票。这只股票的价格最高到过8美元，最低是4.75美元，我开始关注时价格是7美元多。作为拥有78家精神病医院和10所普通外科治疗医院的经营者，这个价格明显低于它的竞争者。该公司的债务，尽管在破产过程中已经大幅减少，依然相当的多。另一方面，这个杠杆也能大大地增加股价向上的潜力。另一个在此案例中十分积极的因素是，公司的内部人士以股票和期权的形式，在公司中占据了相当大的股份。正如你已经知道的，我喜欢这个因素。

问题是查特医疗所在行业的环境非常糟糕。1988年，查特医疗的管理层通过杠杆收购将公司私有化，它旗下的精神病院，就受到来自保险公司和低成本的特别护理提供商的双重挤压。在这最终走向破产的4年中，查特平均每家医院的住院时间（住院时间是指保险公司愿意支付的最长时间）从30天左右降到了 20天以下，这明显地减少了公司的收入和现金流。而查特医疗的债务由于杠杆收购和一次大规模的资本扩张，累计已经超过了10亿美元，因此面对大量的收购债务，查特医疗根本无力履行其付息义务。1992年6月，查特医疗递交经过处理的破产申请（意思是多数债权人在它递交申请前，就已经同意其重组计划），整个行业的前景依然是不确定的。唯一不同的是，在破产重组后，查特医疗的债务从之前的16亿美元锐减到只有9亿美元，公司的前债务人摇身一变成为了新公司的股东，并占据了多数股份。在重组后的公司股本中，原股东所持有的股数已被稀释到了只具有象征意义的地步。

当我在1992年12月关注它时，根据最具可比性的医院（同样是精神病治疗领域）的价值，我认为查特医疗的15美元左右的股价要比它当时的7美元交易价格来得更合理一些。这种差异可能是因为查特医疗介入精神病治疗领域的程度，相比我用来做比较的公司来说，程度更深一些。另外的因素可能是查特医疗的财务杠杆，这个导致公司破产的烙印始终无法抹去。通常情况下，这些因素的综合导致了这只弃儿股票的交易受压抑，只有性急的卖家才会关注，而华尔街这类人很少，大多数人甚至是毫不关心。

在我看来，没有任何原因可以导致如此大的价格差异。根据在公司登记发行的声明中的计划，以及截止到1992年9月的公司盈利表现，查特医疗的业务正在趋于稳定。查特医疗计划在成本控制的同时，进一步加强了市场营销，并增加为出院病人提供服务项目，希望这些措施能够扭转因住院时间缩短而导致的收入减少的趋势，这个计划看起来表现得很好。

另外，查特医疗宣布，它将择机出售旗下的传统医院。如果这件事情办成了，那么投资者所担心的杠杆将大为减少。最后，经过一些快速简单的估算得出，查特医疗每年将赚取每股2.5~3美元的自由现金流（记住，稍后我们将学习自由现金流）。虽然查特医疗依然债务沉重，其业务也依然受制于不断变化的行业不确定性，但它7美元的股价，不论是从其自己的绝对值，还是从竞争对手的相对值来看，都是便宜的。

一年后，查特医疗顺风顺水：成本得到了控制，住院病人增加，出院病人的服务业务也在成长，传统医院则卖了一个好价钱。华尔街也注意到了查特医疗，股价翻了3倍，我收益满满地离开了。在这只股票上，我得到了好运气的眷顾。如果在获得巨大收益之后还继续持有3年，那么到头来，我将一分钱也赚不到。从这随后的糟糕表现中，也许能学到一个教训。

也许现在是一个好时机，讨论一下投资等式的另一半：何时卖出。有一个坏消息，在现实中，卖出常常让买进看上去很容易。当股价相对便宜，可以买进；当股价下跌空间有限，可以买进；当股票未被发现，可以买进；当内部人士受股权激励时，可以买进；当你具有某种优势，可以买进；当其他人不想拥有股票，可以买进……只要有理由就可以买进。

但卖出是一个难题。你什么时候卖出呢？最简单的回答是，我也不知道。然而，我确实有些小经验。

第一条经验，如果一只股票曾经卷入过异常交易，那么要想知道何时卖出它比指出何时应该卖出平常的股票容易得多，这是因为买进机会就已经精确定义了时间之窗。无论你是持有分拆、并购证券，还是从破产中新生的股票，总是存在一个创造出买进机会的特殊事件。如果这个事件发生后的某个时点上，市场终于认识到被异常变动所遮蔽的价值。一旦市场作出了反应，或者那个最初吸引你参与到事件里来的特性已经变得地球人都知道了，你的优点也被大量模仿。这个过程，可能要历时几个星期或者几年。卖出的触发点也许就是股价的大幅上升，或者公司的基本面发生了改变（公司的表现比你预想得要糟糕）。

在卖出前，你应该等多久？对于这个问题也没有一个简单的回答。这里有一个对我很有用的经验：交易差的，投资好的。不，不，它并不像威尔·罗杰斯的那句著名的废话："用你所有的积蓄买一些好股票，耐心长期持有，直到这些股票上涨然后才卖掉。如果一只股票不上涨，那就不要买它。"这里所说的"交易差的，投资好的"，意思是，当你完成了廉价买进后，其后的行为取决于你所买的公司品种。如果你买的是一家普通公司，行业处境艰难，你之所以买它，完全是因为一个特殊的公司事件造成了廉价的买入机会，那么准备好，一旦公司的特性在更广的范围里为人所熟知，就卖掉它。在查特医疗案例中，即使公司的盈利状况在我买进股票以后依然保持强劲，我从未忽略围绕在它主营业务周围的困难和不确定性。当股票价格开始反映华尔街分析师和主流媒体的正面意见时，我决定卖掉它，没有什么科学道理。虽然股票看上去依然便宜，但是公司所在的行业特点让我无法放心地长期投资。此次交易所得利润（虽然比一般交易利润要高）很大程度上得益于买入时的低价格，而低价格又要归因于投资者对弃儿股票的本能忽视。

另一方面，如果这家公司的前景和市场环境是我所喜欢的，就像美国运通那样，买进行为就会转变为长期投资。还记得吗？美国运通，前面提到过的分拆的母公司。对我来说，那次被分拆出去的公司，雷曼兄弟，它的不可预测性掩盖了其母公司旗下另两家子公司的优势业务：记账卡和金融咨询服务。因此，能在分拆之前以9倍市盈率的价格买进美国运通，我有相当大的信心长期持有。当然了，最终利润中的一部分要记在公司的那个异常变化的名下，是分拆带来了以便宜价格买入的机会。而利润的其他部分，则要归功于美国运通的业务持续表现优秀上。最终结果是，市场提高了美国运通的市盈率。

在正常情况下，我没有能力识别出一家优秀的企业是否被严重低估。巴菲特能做到，但是几乎没有其他人能做到。但是通过在遭受巨变困扰的公司中寻找廉价的投资机会，我就能为自己“碰巧”进入，并长期持有一家好企业找到充足的理由。我被公司的特殊事件所创造出来的低价格吸引而来，而公司的质量和本质的好坏将决定我关注这家公司的时间长短。因此说，交易坏公司，投资好公司。

公司重组的受益途径

公司重组是另外一个公司架构发生巨变的领域，在好的年景里，这种事情并不总是会发生，变化就会带来投资机会。虽然“公司重组”这个词可以用来表述许多事情，我在这里所谈论的重组，并不是围绕公司的优势进行的，而是想讲一讲由重组引发的巨变，也就是指整个部门的出售或关闭。而且这还不是小部门，我们谈论的是大部门，至少就其所在的公司而言，规模是较大的。

当然了，公司重组是经常发生的，虽然痛苦，但却是资本主义必要的组成部分。**我们所关注的重组类型，是那些已描绘出最清晰的投资轮廓的事件，在这些事件里，公司会出售或关掉一些主要的部门，以便止住资金流血，或者是偿还债务，又或者是集中精力到更有把握的业务上。**

大公司的重组也许是寻找投资机会的天赐良机，其理由是，那些被出售或被清算的部门实际上遮蔽了公司其他业务部门的内在价值。举个简单的例子，假设有一家企业集团每股盈利是2美元，市盈率为13倍，则股价为26美元。而在企业内部，这每股2美元的盈利是两个赚钱部门和一个亏损部门的盈利总合。如果这两个赚钱部门的盈利总和为3美元，另一个部门亏损了1美元，这里就潜藏了机会。如果在不增加债务的情况下那个资金流血的部门能够被出售或者清算，如此一来，这个企业集团的盈利将立即上升到3美元/股。同样是26美元的价格，股票的市盈率将从13倍下降到不足9倍。在许多案例中，出售或清算亏损的部门能够带来积极正面的效果。当然了，这种效果将使投资机会更加引人关注。

与从分拆中得到好处相类似，出售企业的一个主要部门将提高企业的集中度，而集中度的提高，将使股东和企业双方都得到确实的益处。这种益处也会惠及管理层和公司在股市中的价值。管理层的精力将更专注于有限的和有保障的经营，而市场也愿意为更专一的和盈利的企业付出溢价。虽然这看起来有一些矛盾（毕竟，在这种案例中，其实是企业经营失败了），企业推行大规模重组，其实是为绝大多数股东的利益着想。除非企业面临着巨大压力，否则，企业自己决定卖掉一个主要的部门是不可想象的。大多数推行这种计划的管理层，都是两眼盯住股东利益的。

投资者有两个途径能从公司的重组中受益。

一种方法是等到公司大规模重组宣布后，再投资到此事件中。由于此类交易的独特性，在计划宣布以后，依然存在着大量的获利机会。市场需要花一些时间才能充分理解这个巨大变动的后果。通常情况是，如果公司的市值相对较小（分析师和机构跟踪这个事件的人数就越少），你就会有更多的机会和时间充分利用公司的重组申明。

另一个获利的方法就是投资正在等待重组机会成熟的公司。这样做的难度很大，我并不会刻意寻找这样的机会，但有时它会自己掉到你的碗里。重要的是，当你看到它们时，你要有能力辨别出潜在的重组候选者。如果事态已经很明显了，管理层（特别是拥有大量股票期权）的所思所想将与你的想法趋向一致。

至少，它就发生在下面的案例中。

| 案例分析12：格林曼兄弟公司 |

"丑小鸭"重组为"白天鹅"

我们应该信赖值得信赖的人，在本案例里，首先是我老婆，是她启示我发现了这个机会，其次是彼得·林奇，是他教给我理念。

我老婆是一位全职太太和兼职律师，我一直试图让她对股票市场着迷，直到有一天她完成了一份很好的调研回家后，我才知道我的努力竟然取得了进展。在离我们家不远的地方，我老婆发现了一家新开的商店，里面陈列着儿童益智玩具和手工艺品。商店里的商品和购物氛围给她留下了深刻的印象，因此她问店主（彼得·林奇的忠告她显然是记在了心里），这家名叫"聪明小淘"（Noodle Kidoodle's）的店是否属于上市公司。回答是：对，它属于格林曼兄弟公司（Greenman Brothers），在美国股票交易所上市。在她叙述整个故事的过程中，我不得不请她暂停一下。我告诉她我的眼泪出来了，我需要一张餐巾纸，当然，那只是个玩笑。

进一步深入调查显示（这可是迄今为止我从老婆那里得到的唯一的消息），格林曼其实是一家玩具、家用品和文具的分销商，它的利润微薄。实际上，格林曼兄弟公司是制造商和超过7000件零售商店之间的中间商。"聪明小淘"店其实是这家公司的新探索，如果这种形式的第一家店能够获得成功，那么这个部门会急速扩张。至少在我看来，这个概念有较高的可信度。我去拜访我老婆曾去过的那家店，那里的摆设、独特的商品和拥挤的人群，所有这一切仿佛都在无声地告诉我："瞧，这里真是太棒了！"如果这个商业概念能在5~10家本地商店里被消费者接受，我无法否认它为什么不能在全国范围内复制100家、200家，甚至是更多家。这正是彼得·林奇曾经说过的应该时刻留心，才能发现极其宝贵的商业模型。感谢我老婆，这回，我居然赶了一个早班车，能够第一时间介入。

通常情况，对于这种机会，我是不太会把自己的想法当真的。多么伟大的想法！多么不可思议的新产品！这将是一次完美的出击！这些想法时不时地浮现在我的脑海，但我总是肆意将它们抛弃。随时随地你都可以在股市中买进这些概念和新产品，它们都是明码标价的。这些股票的价格通常是其盈利的20倍、30倍，甚至是50倍。在许多案例中，这个市盈率甚至可以是无穷大。这些公司通常是新创建的，连盈利都没有，有些甚至只有一个空“概念”，连销售都没有。我对快速成长的（或者是潜在的快速成长的）高市盈率公司所持的谨慎态度很可能让我与微软第二或者沃尔玛第二等公司无缘，但我意识到，由于我不是奇才，无法预知下一波消费或科技的大潮，我很可能也“错失”一大批失败者。对我而言，这是公平交易，正如我前面说过的，如果你不损失，那么你会得到损失的反面——利润。

如果是这样，那么我干吗还站在店里沉思格林曼兄弟的投资机会呢？难道仅仅为了抚慰我老婆吗？（这通常是明智的，但不是有利可图的策略。）肯定不是。我之前已经知道，格林曼公司身处分销行业。虽然这家企业没有赚什么钱，但好消息是这只股票的股价仅比5美元稍高一点，而格林曼的净资产就有8美元/股。当然由资产价值（根据历史成本）减去所有债务得到的净资产，并不是股票价值的唯一评定标准。毕竟，如果格林曼公司不能在这些资产上赚到许多钱，那么谁又知道这些资产值几个钱。作为夹在制造商和零售商之间的批发商，格林曼并不需要太多的诸如工厂和设备等固定资产。格林曼公司的资产大部分是现金、应收账款和新近购买的存货，这些所有的资产，在大多数情况下是很容易变卖的。

我沿着这个思路想下去，这个前景暗淡的、微利的分销业务，掩盖了一个伟大全新的零售概念的潜质。考虑到格林曼的售价不到6美元/股，看上去市场完全没有将“聪明小淘”店的价值考虑进去。格林曼已经宣布其全力扩张连锁店的计划（如果这试验点能成功），这个新的零售企业的成就，将凸显出批发企业的潜力和利润的微不足道。但问题是，即使我预估潜力是正确的，要想达到我所预计的规模，就需要投入大量的资本。由于格林曼公司几乎没有债务，因此举债是资金来源之一。但是我还想到了另一个资金来源，那就是批发企业。如果零售业最终将胜出，也许格林曼可以考虑出售这个批发企业。格林曼的8美元净资产，即使扣除25%的额外风险补偿，也还有6美元/股，而40%的额外风险补偿就意味着我几乎没有为我感兴趣的企业支付什么。

稍等一下。我已经说过投资于一家新概念、高成长的公司会让我感到不舒服，哦，是的，我确实说过，我不想在这上面损失资本，我总是担忧我为高速成长计划而支付的高市盈率最终会导致惨重的损失，正是这种类型的投资让我不舒服。但现在6美元的价格，我认为几乎没有为"聪明小淘"的巨大潜力支付任何溢价。从我的实地调查看，这家新连锁店的成功已经是很明显了，既然我有机会免费下注，我认为现在的股价是合适的。

当然了，顾客对第一家"聪明小淘"店的热情完全可能是一种假象，连锁店也许将面临着竞争，又或者消费者对益智类玩具的热爱只是一个局部现象或者一种流行时尚。但既然我没有为这个付出什么，那么即使事情不尽如人意，我也没有什么可失去的。当然，格林曼的分销公司还存在着更加恶化的风险，但我并不过度担心这种风险。现在这项业务还没有出现亏损，即便出现了，考虑到这种业务的稳定性，格林曼公司还可以选择退出分销业务，转而专注"聪明小淘"店。由于买进价格合适，因此，随便我怎么分析，都看不出这笔投资最终会以亏损结束的征兆。至于上涨空间？我虽然不能确定，但还是有"很大"把握的。

结果怎么样？股价一年多止步不前，最高达到7美元/股，最低到过4美元/股。在这段时间里，"聪明小淘"店继续表现良好，格林曼公司宣布新开15 家分店，到1995年年底，店数总和将达到20家。相对应的，分销业务表现糟糕。到了1995年5月，离我买入的日子已经有一年多了，股价依旧在6美元以下。就在那时，格林曼公司作出了决定：寻求出售其批发分销业务的可能性。在新闻公开稿中，格林曼宣称出售是为了"释放资本，以便资助聪明小淘零售企业的成长"，而零售店是它计划扩张的。仿佛是在一夜之间，格林曼公司就从笨拙、成长缓慢的分销老人，蜕变成为成长快速的零售帅小伙。在两个月的时间里，股价上升到了11美元,4个月里达到了14美元。我在10~11美元间卖出了股票。

嗨，叫我傻瓜吧，因为我把股票卖掉了，格林曼的股票现在成了大热门。我再不能免费得到东西了，此外，我对这只高飞的股票到底了解多少呢？有太多的可能是事情变得不如意。在格林曼公司盈利前，公司还要再开远比20家“聪明小淘”多得多的店，谁又能保证喜怒无常的顾客及对手的竞争不会将这个羽翼未丰的连锁店扼杀在摇篮里。一句话，跳升的股价已经让我对继续持有格林曼股票感到了些许的担心。公司重组行动，已经将原来隐藏的秘密暴露无遗，这一来，我的优势也不在了。

你完全可以说我只是运气好，因为管理层可能会等待很长的时间再进行公司重组，也可能根本不重组。一旦我投资一家可能会重组的公司，我就会一直等待下去，等待我的回报来临，不管我所等待的是不是一个了不起的结果。在格林曼案例中，有三个特点深深吸引了我。

（1）很明显的一个特点是下降空间有限。安全边际永远是投资的第一法则。尽管你可能将它驳得体无完肤，但是，那又能改变什么呢？

（2）第二个特点是有现成的企业可用来重组。在本例中，如果分销企业被出售掉，那么留下来的“聪明小淘”企业看上去也是可行的和有吸引力的。

（3）第三个特点是在格林曼案例中，有某种催化剂已经在起作用，事情在发生变化。格林曼公司发现了一个绝好的新概念，如果想让它获得成功，就必须加大资金投入。如果想让“聪明小淘”的业务起飞，则格林曼公司必须筹到足够的资金。而公司面对的事实是，分销业务正在不断恶化，所以公司决定通过出售企业来重组，很容易做出这个决定。

最后，试图发现重组候选者的尝试，已被证明是一件艰苦的挑战。对大多数投资者而言这不是一块沃土，但是另一方面，“先见面，后了解”却是每个人都能做到的。你只需了解到，最初激起你的好奇心的事情必须足够大，以至于让整个公司来一个改头换面。虽然这种机会很少，彼此之间间隔很长，但在它因重组而导致被别人注意之前，你就能识别出这家公司的魅力，那你就可以赚上一大笔钱。

当然，如果公司恰巧宣布他们的重组计划，这种事件就更容易辨别了，这也是为什么大多数重组机会是属于这一种。即使是在重组计划宣布以后，也还有许多时间研究和赚取利润。事实上，在我参与下列重组案例时，它的股价已经翻了3倍。幸运的是，依旧有大量的利润留给了迟来者。

| 案例分析13：通用动力公司 |

重组体现隐藏价值

我首次注意到通用动力公司是在1992年6月。《华尔街日报》报道，通用动力，主要的国防承包商，宣布将从股东手中购回1300万股股票，这个数额已经相当于通用动力总股本的30%。此次公司回购股票将采用一种称为减价拍卖（也称荷兰式拍卖）投标的方法来完成，在这份要约中，公司提供了一个收购价格区间，每股65.375~75美元，每位股东可以在此区间内，将自己手中的股票卖回给公司。根据不同价格上投标股票的多少，通用动力公司可以确定某个价格，使得这个股价以下的累积股票达到公司的回购股数1300万股，所有在此价格以下投标的股数都将按此价格回售给公司。

当我读到这份要约，了解了整个交易和背景情况以后，我发现本案例中那个特别的回购方式并不是那么重要。在读了有关的报纸报道和投标书以后，真正触动我的是，通用动力早在一年前就已经着手进行一揽子整合的方案。由于美国国防预算不断缩减，随着苏联的解体，这一趋势还有加速的迹象，通用动力已决定大幅度地调整其经营理念。在前阿波罗宇航员威廉姆·安德斯的领导下，公司着手进行大规模重组计划，将经营范围集中到几个经过精选的核心业务上。作为新计划的开始，1991年公司针对23位公司高层的股权激励计划出炉。当时，通用动力的股价接近25美元/股。而当我注意这只股票时，时间已是1992年6月，减价拍卖投标的计划也已宣布，股价已经上升到了 71美元。公司的股东早已获利匪浅，而公司的管理层也因股价的大幅攀升狂赚2000万。

看到这里，我为什么还不立即转身离开呢？很明显，这场晚宴我已经迟到了。不，晚来总比不来好。股东们应该还有餐后点心，也许还不止一道呢。那么，是什么让我看得较远了呢？首先就是那个印在投标书封面上的数据给我以勇气。这组数据揭示了管理高层所持有的股数占此次回购的比例，尽管他们手中的股票价值已经显著上升了，但他们居然一股也不参与减价拍卖，他们一股也不想卖给公司。这明确告诉我，那些更了解公司前景的内部人士一致认为公司的股价依然被低估。如果公司的价值高于回购价格，那结果可就太有趣了。**经过简单计算可知，如果公司以低于其真实价值的价格回购大量的股票，那么选择留下来的股东就会得到意外之喜。另外，公司未来的价值增长会因发行总股数的减少而使留下来的股东获得更多的收益。**

更进一步的积极信号来自于重组计划本身。这个计划不仅看上去就很好，而且公司价值也有实质的改进，更妙的是，这还不是计划的全部。根据投标书，在“背景和商业战略”一节中，通用动力提出了一个考虑周详的计划。招标书讲到，管理层相信国防工业将不得不削减其过多的产能，虽然这些产能在过去对美国而言是必要的。因此，公司将只保留那些在行业理性回归完成后，依然能在其市场中占据主导地位的业务。根据这个理念，通用动力精选了四个核心业务作为未来发展的基石。通用动力将继续致力于通过兼并其他公司，淘汰多余工厂，并购相兼容的公司，甚至包括公司出售等等手段，来强化这四个业务。通用动力认为，根据此项计划，其他非核心的业务将被卖掉。

实际上，不论是核心还是非核心部门，通用动力所实施的重组都将有很长的路要走。对核心部门而言，将继续进行结构调整；对非核心部门而言，出售已是必然的事情了。公司在一年前已经出售了其计算机部门和一个大的子公司赛斯娜飞机公司，作价近8亿美元。而在一个月前，公司刚宣布出售其导弹部门，期望能收回4.5亿美元。投标书清晰地列明公司出售非核心资产的时间表，以便在1993年年底前完成重组，出售所得将分配给通用动力的股东。由于此次资产出售的总额超过了公司总资产的20%，根据税收法，股东将会享受到优惠的待遇。

通用动力吸引我的最后一个原因就是，不管重组晚宴我迟到了多久，也不管股价已经上升了多高，通用动力的股价依然很便宜。总的来说，即使公司在此次投标要约中花费9.5亿美元回购股票，即使不将未来的盈利计算在内，很有可能通用动力最终会有10亿美元返还给股东，或者用这笔钱巩固四个核心企业的市场地位。从现有价格中扣除出售所得的现金，可以得出通用动力核心企业的真实价格。即使是用最保守的方法计算，我所“创造”出来的股价表明，通用动力相对于其他的国防承包商，已经有了40%的折扣。考虑到公司出售计划的专一性和公司持续改善核心业务这一事实，我认为这种折扣不会维持多久。公司的过往纪录和管理层的激励计划让我坚信，股票市场最终会对通过重组而挖掘出来的价值给予充分的肯定。

事情结果怎样？事情的结果完全超出了我的最佳预期。1992年7月初，公司以72.25美元/股的价格回购了 1300 万股。两个星期后，又有一件让股东备感温暖的事情发生了：巴菲特购买了公司400万股股票，占通用动力股份的15%（瞧，你现在可是在一家好公司里了。有时候，甚至是巴菲特也会被吸引到这种特殊公司事件中）。即使有世界上最伟大的投资者巴菲特的肯定，你依旧有两个月的时间，在巴菲特发表声明之后，在75~80美元之间买进通用动力股票。在声明发布之前，股价已经有所上升了。

非核心业务的出售也在继续，1992年12月，通用动力宣布以15亿美元的价格出售其核心业务之一的战术飞机部门。虽然这个部门曾经是公司精选的四个核心业务之一，但是这次出售也在公司整体计划之内，正如招标书上所说：“继续探寻增强其每个核心部门的途径。这种方法有可能是收购兼容性企业，但也有可能是出售。”在其后的一年间，在每一出售和红利分配宣布之后，我都重新做一次价值重估。公司进行每一步调整，其剩余部门的价值和营运绩效都得到了改善。到了1993年年底，通用动力的重组结果是向股东分红超过了50美元，而分红后的股价依然超过了90美元。合计每股140美元的价格意味着在不到18个月里，也就是我碰巧在报纸上看到了公司的投标书以后，股价翻了一番。

毫无疑问，晚宴我迟到了。但在这个案例中，迟到比缺席好。当然，不是所有的重组都能表现得如此出色。令人惊奇的是，只要改变战略角度（再加上适宜的市场环境），同样一组资产，其市场定价可以从25美元/股，在不到3年的时间里，上升到140美元/股。

在另一方面，近些年来，公司的管理层也越来越多地感到来自市场的压力，要求他们将公司业务更加集中化，以便让投资界更容易理解。来自其他公司的分拆或出售非相关业务的公告每天都在出现。重组可以体现隐藏的价值，通用动力和它的股东的经历就是这样的典型例子。

小　结

1. 投资破产公司的股票需要记住的几个要点：

（1）破产能带来独特的投资机会，但它自身不讨人喜欢；

（2）记住，最好不要买破产公司的普通股；

（3）破产公司的债券、银行债务和贸易索赔也是有吸引力的投资标的，但是前提是，你必须专心去做；

（4）在破产重组的公司新发行的普通股中努力寻找总是有所回报的，就像分拆和并购证券，廉价证券总是来自本来就不想拥有这些股票的性急的卖家；

（5）除非价格无法抗拒，否则只投资于好公司。就像作家达蒙·鲁尼恩（Damon Runyon）关于赌马的那句名言所说的那样，“虽然最快最强的赛马并不一定老是赢，但下注的时候还是要押它们。”

2. 卖出提示：

交易坏公司，投资好公司。

3. 投资重组公司：

（1）通过公司重组能发现隐藏的巨大价值。

（2）寻找那些下降空间有限、由企业可供重组和管理层有激励计划的事件。

（3）在可能重组的事件里，要发现催化剂正在起作用的迹象。

（4）确信重组的规模在整个公司现有资产中占有相当大的比例。

（5）听从你爱人的建议。照这个建议办，不一定带来资本利得，但有好处是确定的。

第 6 章

资本重组的投资策略

“BABY NEEDS NEW SHOES” MEETS “OTHER PEOPLE’S MONEY”: RECAPITALIZATIONS AND STUB STOCKS, LEAPS, WARRANTS, AND OPTIONS

一般意义上的资本重组是指公司用现金、债券和优先股作为交换物，在市场中买回大量本公司的普通股。当然了，现金和证券都可以以分红的形式分派给股东。这种资本重组的结果就是原先的股东依然拥有这家公司，但公司的财务杠杆变高了。

可以得出结论，期权市场是让你在分拆领域中获得的研究成果开花结果的好地方。如果你能综合应用在分拆时刻上市场所发生的事件，以及所涉及到的公司的基本面，期权市场则更加适合你。

我在第3章中已经讲了有关投资分拆的事情，单单是那些知识就值这本书的价格了。如果再加上在第4、5章中介绍的并购证券、破产和重组的知识，我们在那里所谈的内容至少让这本书值100元。可现在，你还不满足，你还期望得到更多！

更多风险！更高回报！更多金钱！

嗯，好吧，我能满足你的要求。

资本重组和重组股的关系

有时，公司为其股东创造价值的途径之一就是对资产负债表来一番资本重组。在20世纪80年代的某段时间里，“资本重组”（Recapitalization）这个词在华尔街可是响当当的，公司常常用此招术来抵御恶意收购者的入侵，或者抚慰焦躁不安的股东。

一般意义上的资本重组是指公司用现金、债券和优先股作为交换物，在市场中买回大量本公司的普通股。当然了，现金和证券都可以以分红的形式分派给股东。这种资本重组的结果就是原先的股东依然拥有这家公司，但公司的财务杠杆变高了。虽然现在资本重组不再像以往那样流行了（这是由于许多过度负债的公司在90年代初纷纷破产），但研究资本重组还是很有必要的。这个我们稍后再讨论。

首先，我们了解一下资本重组是如何运作的。假设有一家XYZ公司，股价是36美元/股。公司认为资本重组将有利于股东，因此公司决定将新发行的价值30美元的债券派送给股东。理论上，如果公司的股票在完成30美元分红前值36

美元/股，那么完成后，市场应将公司股价定位在6美元/股，当然，如果事情果然如此，那么资本重组就不会成为一笔大交易了，事情往往没有那么简单。

实际上由于某些因素，资本重组能够为股东创造出附加价值，原因之一就是高负债的资产负债表常常带来税收优惠。假设在资本重组前XYZ公司每股盈利为税后3美元，36美元的股价就意味着其市盈率为12。公司的税率，包括本地的州税收在内，约为40%，计算可得，公司的税前每股盈利为5美元（5美元的税前盈利减去2美元的税收，就等于3美元税后盈利）。现在，让我们看看一张高杠杆的资产负债表在资本重组后都发生了些什么？

如果分发各股东的30美元债务的利息是按10%计算，XYZ每年因债务而增加的利息支出就是3美元/股。由于对公司而言利息是可减免税收的费用，因此，公司新的税前盈利为每股2美元（前次5美元的税前盈利减去3美元的利息费用）。假设40%的税率不变，2美元的税前利润，征税后，将得到每股1.2美元税后利润。这样，如果经资本重组后的XYZ普通股（通常这种股票也被称为重组股①）股价依然是6美元/股，那么市盈率将降到只有5倍，这看上去也太低了。

毫无疑问，XYZ重组股的市盈率很可能不会恢复到资本重组前的12倍。因为不管怎样，巨幅增加的债务，对XYZ普通股投资者来说，意味着风险的增加，投资者会对这增加的风险索取补偿，所以，重组股的市盈率会比12倍要低一点。那低多少才合适呢？这里没有科学依据，但是8~9倍的市盈率不是毫无根据的。这样一来，重组股的股价应该在10美元左右（假设市盈率为8.33），整个资本重组包的价值就是40美元/股（30美元债券+10美元重组股），而资本重组前的原始价格是36美元/股。

这样的结果有意义吗？XYZ的资产并没有发生变化，企业的销售和盈利

---

① 英文名称是“stub stock”，可上市交易的普通股，由债券转换而来。当由于公司被接管或破产而使其价值为负时，公司会将其债券转换成这种重组股。“stub”有“残余”的意思，如此命名是由于公司债券在转换成普通股后的价值远远低于转换前公司债券的价值。但由于公司价值的不确定性，投资于该公司的残余股是种风险投资。如果公司的价值在未来复苏，那么残余股可能具有较高的收率。——编者注

能力也保持不变。那么留给股东的那4美元又是从哪里来的，难道这种资本重组只不过是一组烟雾和幻象吗？你知道这就是所谓的金融工程吗？事实并非如此。

这里的关键是税收。在重组前，XYZ公司5美元的税前盈利中的3美元以盈利的名义归属了股东，而其中的2美元则以税收归了国库。资本重组以后，股东因持有新发行的债券，从而以债券利息的方式得到了其中3美元，又以重组股的名义得到了其中的盈利1.2美元。这样一来，股东总共得到了 4.2美元，而资本重组之前只有3美元。由于资本重组的缘故，国家税收所得减少到了只有0.8美元，重组之前它还有2美元的税收进项。这里没有猫腻。拥有适度杠杆（不是过度杠杆）的资产负债表能够以更有利的纳税方式将更多利润返还给股东，因此金融工程还是物有所值的。

当然了，你不可能在报纸上公开之前就预先知道资本重组的计划。而一旦它宣布了，在你有机会投资之前，这个由资本重组所创造出来的4美元收益，其中的很大一部分很可能已经反映到股价之中了，但是资本重组还能提供大量的投资机会。

举个例子，**在资本重组事件中，当债券和优先股被分配给股东时，机会就来了。这种机会非常类似于在并购证券中出现的机会。**拥有XYZ普通股的股东通常不愿意持有公司债券和优先股，结果就是，一旦这些证券被分配给股东，就立即遭到不分青红皂白的抛售。你已经熟知这种故事了，但是资本重组的另一部分故事内容更精彩。

这部分是有关重组股投资的。**重组股是指在经过资本重组后公司保留下来的权益证券，这才是你真正赚大钱的地方。**投资重组股就相当于投资杠杆收购的权益部分，许多杠杆收购能给初始的权益投资者以5~10倍的回报，有时，重组股回报也能达到如此壮观的程度。当然了，许多杠杆收购最后都失败了，同样的，有一些重组股的价值也会被蒸发掉，但是那些成功的案例所带来的回报，足以弥补失败案例所带来的损失。事实上，在股票市场上，还没有哪种股票能像重组股那样，回报来得又好又快。当然，前提是你仔细地分析过这些重组股。

为什么重组股的投资这么肥？答案是很直白的，一切都在数字中。之前我们已经讨论过有关投资于杠杆公司的种种好处和风险，让我们重温一下计算过程，这有助于我们理解这种机会。

在我们的例子中，我们假设XYZ的税前盈利改善了20%，从5美元/股增加到了6美元/股，那么在资本重组前，按40%的税率计算，每股税后利润为3.6 美元。假如市盈率为12倍，XYZ的股价应从36美元上涨到43.2美元/股，升幅也是20%。

现在假设XYZ公司资本重组了，这个故事看上去略有不同了。同样税前利润增加到了6美元/股，现在要减去在重组中发放给股东债券利息3美元，得出应纳税利润为3美元。在支付了 40%的税款后，XYZ重组股的税后利润为1.8美元/股。运用先前假定的市盈率8.33倍，XYZ重组股现在应该从初始股价10美元股，上涨到每股15美元，升幅为50%。

如果眼光再放得长远一点，现在XYZ税前盈利中超出债券的利息费用的部分，比原先的情况改善很多了，这只股票看上去风险也减小了。那么现在，也许10倍的市盈率看上去更合理一些。由此一来，这只重组股的实际交易价格将达到18美元/股（10×1.8美元盈利），相比原来10美元价格，升幅达80%。提醒一下，这个潜在的80%收益的根源就是每股税前盈利的20%的提高。正如你所知道的，当一切顺利时，带有杠杆的资本重组不仅有趣而且有利。

不幸的是，我之前也已经提到过了，现在投资者已经很少有机会投资经过资本重组后的重组股了。资本重组已经不流行了。但是，如果你依然对投资带杠杆的股票情有独钟，那么我可以给你两条建议。

第一条，投资于带杠杆的分拆股票，它能给你带来与重组股相同的效果，除了我们已经说过的注意事项，关注分拆领域几乎没有什么危险。

第二条，就像本章开始部分我讲到的，将你所学到的有关资本重组的知识用在你自己的强项上。由于大多数公司不再重组它们自己，也许你能自己创造一次资本重组。

在这么做之前，还是让我们回到20世纪80年代中期资本重组的黄金岁月，重温一下资本重组的真实案例。

| 案例分析14：FMC公司 |

获取惊人收益

1986年2月,FMC公司，一家国防承包商和化学及机械制造商，宣布计划实施大规模的资本重组，公司此举据说是为了应对敌意追求者的恶意收购。在评估了所有的备选方案后,FMC董事会认为资本重组是击退潜在收购者的最佳方案。通过重组，公司希望能提升公司的股价以及公司管理层和雇员在公司股本中的持股比例。如果资本重组成功，这将震慑住恶意收购者，公司的管理层和员工也能继续管理他们的王国。

根据这项计划，每位FMC股东都将得到每股70美元的分红及重组后公司的1股新股票。其中，管理层股东和在员工股权激励计划之中的股东，将不进行现金分红，而是直接分得重组后公司的新股票，以此作为现金分红的替代。管理层股东将得到由70美元现金分红转换过来的4.66 股新股票，也就是说管理层股东在资本重组前持有的每1股FMC股票，在重组完成后，将转换为5.66股FMC新股票。这项计划实施后，内部人士在FMC的控股权将由19%上升到40%多。

一开始，计划表现出预期的效果。由于恶意收购传闻的困扰，FMC公司的股价是70美元/股，而当公司宣布资本重组计划后，股价飙升到了 85美元/股。这预示着市场认为在70美元现金派送给外部股东后，公司的重组股将值15美元/股。由于收购传闻的力度没有减弱,公司的股价在之后的6星期内涨到了 95美元左右。4月初，恶名昭彰的收购交易员，有时也是公司掠夺者，伊万・博斯基宣布他已经购买了7.5%的股票。同时，他还宣布他认为公司的资本重组计划对管理层过于慷慨大方了，他准备在一个月之后的股东大会投票时反对此项提案。

也许是为了回应博斯基对该提案的反对意见，也为了大幅提高公司的股价，几个星期后，公司宣布了一个补充计划。鉴于“当前的经济和市场状况，即利率的下调和强烈的市场利益,FMC提高现金分红至80美元7股”。虽然提高了对外部股东的分红，但是管理层和员工所能得到的重组股的数量，与之前宣布的保持不变。这个修改过的资本重组计划的委托书将于1986年5月递交SEC，而股东投票时间安排在之后的一个月内。

我知道重组股常会带来惊人的收益，因此我饶有兴趣地阅读着委托书。在委托书中，特别吸引人眼球的是标题为“一些计划”的段落。在这个章节中，公司给出了FMC在最好情况下未来8年的利润、现金流及资产负债表。我前面已经提到过，我对管理层的近期展望持保留态度，对长远展望，更觉得不靠谱，但在这个案例里，我稍稍留了一点心。毕竟，管理层没有在资本重组中得到任何现金，他们放弃80美元的现金分红，转而在资本重组后的公司中寻求更多的股份。与过去相比，FMC的管理层显然将他们更多的财富和职业生涯押在了公司未来的成功上。

根据这些展望，预计未来3年的盈利将达到3.75 美元/股，而税后自由现金流为4.75美元/股。到那时，公司税前盈利中超出利息费用的盈利部分与利息之比为2:1，如果将市盈率定为自由现金流的10倍，那么，重组股的价格就能接近50美元/股。而现在，FMC的股价只有97美元/股（假设资本重组能够成功进行），也就是说，我可以以每股17美元［97（股价）-80（现金分红）］的价格买进重组股。如果FMC的预测基本正确的话，那么当前FMC的股价就太便宜了。

结果怎么样呢？一年之后，当公司重组完成之后，该股的股价涨到了 40美元/股，而在随后的几个月内，就在1987年大崩盘前夕，股价达到了 60美元/股。然而，仿佛是为了证明古老的有关杠杆两面性的格言（如巨大的上升空间常与同样巨大的下跌风险相伴随），这只股票的股价在大崩盘中以同样快的速度跌回到了 25美元，最后停留在35美元的价格上。这次变动对我有什么影响？我与所有这些都没有关系。因为一些我已经忘记的原因，在公司完成了资本重组之后，我就以26美元的价格出清了我所有的头寸。也许是因为FMC的企业品质并不让我着迷，本着“交易差公司”的原则，我选择了退出。不管原因如何，我还是很高兴自己错过了这种过山车般的“乐趣”。

噢，等等，还有一点我差点忘了。当博斯基买入FMC股票是基于内部消息的真相败露之后，公司起诉他迫使公司增加10 美元的现金分红。在对一系列证券欺诈认罪之后（包括用装满现金的手提箱换取内幕消息这样老套的情景），博斯基被判处在监狱里服刑多年。最终，博斯基达到了他的目的，如果你读到了这里，那么你也可能会这样。这就是我最后要忠告诉你：要恰如其分地运用重组股知识，合理地谋取利润。

长期期权的投资意义

我之前已经说过，你可以创造属于自己的重组股。通过简单地在几百个待选的长期期权（Long-Term Equity Anticipation Securities）中挑选，你能自我创造出重组股，它的风险与回报的特性，与投资在资本重组中带杠杆的权益部分有许多相似之处。

术语长期期权的内涵其实和长期期权合约没有什么两样（正式名字为长期期权）。你可能会说："好吧，那期权又是什么东西呢？"别着急上火，我们慢慢讲。虽然期权分为两类，看涨期权和看空期权，但在这里，我们将只讨论看涨期权。嗯，范围再小一点，我们只讨论在全国证券交易所内交易的看涨期权，即登记上市的看涨期权（如果还没有明白多少，那么继续读下去，这里有钱可赚）。

看涨期权仅仅代表有权利，但不是有义务，必须在限定的时间里以约定的价格购买某只股票。例如，IBM 的6月140美元价位看涨期权，是指期权的所有人有权在6月（对公开上市的期权，每个月的第三个星期五是期权合约的执行日）以每股140美元的价格买入IBM股票。如果在执行日那天IBM股价是148美元，那么这只看涨期权的价值就是8美元。这是因为以140美元买进的股票可以立即以148美元/股的价格卖出，获利8美元。如果情况正好相反，在期权执行日那天，IBM的股价是135美元/股，那么看涨期权就没有执行价值了。因为买入价格被约定为140美元（这个价格又称为触发价格或执行价格），而任何人都可以进入市场，以135美元的价格买进相同的股票。

这些就是有关期权的所有基础知识了，下面再进行详细解释。

只要股票市场开市，期权市场也会开市。但是，不是每只公开交易的股票都会有对应的期权在交易的，期权一般锚定在几千家大型公司的股票上。因此，如果某只股票有对应的期权在公开交易，那么在对应的执行日内，在市场开市的时间里，你能轻易地买进和卖出。还是以上面的例子为例，IBM 6月140美元看涨期权在它的执行日到来前已经公开交易好几个月了。我们讨论过，在期权执行日里，看涨期权在什么情况下是有价值的。问题是，在它的执行日之前，期权的合理价格到底应该是多少呢？说得更明白一点，如果你想在4月，也就是执行日前两个月买进这个期权，多少钱合适呢？（虽然你无需弄明白期权是如何精确定价的，但是知道价格从何而来，总没有坏处。注意：为了讨论简便，分红效应将被忽略。）

如果我们假定IBM股价在4月是148美元，离执行日还有两个月的时间。我们知道，如果现状维持到6月的第三个星期五，那么这个IBM看涨期权将值8美元。而在4月，期权的价格更有可能是11.375美元，为什么呢？因为下列的两个原因。

首先，看涨期权的持有人在两个月的时间里，不必支付140美元，但在6月之前他至少在名义上持有了这些股票。想一想这个现实：如果IBM股票在未来的两个月中继续上涨了 10美元，也就是在执行日那天股价为158美元，股票持有人会因他以148美元买入IBM而获得10美元的收益。

另一方面，如果IBM 6月140美元看涨期权在4月里以8美元的价格就能买到，那么这个8美元看涨期权的所有人，也同样可以两个月的时间里赚到10美元（这是因为，在执行日当天，这个看涨期权的所有人可以以140美元的价格买进IBM股票，然后以158美元卖出。扣除了8美元的投入成本后，利润就是10美元），这样的结果看上去不是很公平。

股票的持有人，毕竟是在付出了140美元后才赚到了相同的利润。而看涨期权的持有人坐享股价升幅，却没有付出相同的140美元。为了补偿这种不公平现象，那140美元现金在执行日之前的两个月里所应赚到的利息，必须反映到期权的价格上。事实也是如此。如果我们假设利率是6%，那么140美元的应得利息就是1.4美元。将这些利息加到这个看涨期权的内在价值上，也就是所谓的价内差（在这个案例里，价内差是指IBM股票的市价148美元，和看涨期权执行价格140美元之间的差额，即为8美元），如此一来，期权买家所未支付的资本，在两个月内应得利息的估算值，也就反映到了期权的价格上。因此，我们看到，期权的价格已经从其内在价值8美元上升到了9.4美元。这时，期权的价值包含了期权买家未支付的140美元的利息。

但是，我前面说过这个看涨期权的价格差不多是在11.375美元。在我们已计算出的9.4美元期权价格和实际交易价格11.375美元之间，怎么会有2美元的差距呢？很明显，期权持有人肯定还另有收获。没错，真是这样的。

期权的买家未来可能的损失总额就是他投入到期权里的总额。这听上去没有什么了不起，但是如果你和拥有IBM股票的所有人相比，它确实值得关注。比如，在6月的执行日里，IBM的股价跌到了140美元/股，那么看涨期权的投资者损失了他的原始投资11.375美元，如果IBM跌到了 130美元，看涨期权的投资者还是损失了他的原始投资11.375美元；如果IBM跌到了 120美元，甚至是80美元，看涨期权的投资者还是损失了他的原始投资11.375美元。听上去不错，是吧？

而在相同情形下，可怜的IBM股票持有人的境遇就可想而知了。如果在6月IBM股价是140美元，那么148美元买进的投资者损失了8美元，如果股价是130美元，他损失了18美元，如果股价是120美元，他损失了 28美元，如果股价是80美元，天呐！损失太惨重了，他损失68美元/股。瞧，这就是拥有期权的好处，当股价跌过行权（或执行）价140美元/股时，这种不会损失更多资本的好处就显现出来了。那么这种好处值多少呢？在本案例中，它可能值2美元。如果你将这2美元“资本保障费”加到看涨期权的买入价格中，那么你的9.4美元期权成本，就要接近我之前谈到的11.375美元了。这2美元成本补偿了股价低于140美元的风险，它和购买看跌期权的成本是一样的（但是我说过我们只谈看涨期权，所以不会另起话题）。

结论是买进看涨期权就是借钱买股票，但是有损失保障。看涨期权的价格中已经包含了借款成本和保障成本，所以你瞧，天下还是没有免费的午餐，但是它赋予了你针对某一只特殊的股票加大投资力度的可能；而且，它还保障你的损失不会超过你购买看涨期权的价格。

现在，回到我们的主题，即“创造我们自己的资本重组”，拥有看涨期权与拥有重组股没有什么不同。你能够通过重组股来放大投资，赌公司的未来，而你的全部损失就是你投资到重组股的总额。

在前面的例子中，公司在股价为36美元时开始资本重组，派送30美元债券给股东，剩余公司在价值上的增减，将会因为杠杆而得到放大。在那个案例中，盈利上20%的适度增长，在某种情况下会导致重组股的股价上扬80%。如果事情发展不尽如人意，公司宣布破产，则投资者只需承担投资在重组股的钱遭受损失的风险，而无需承担公司为完成重组而发行的30美元债务的风险。

虽然重组股和期权有相似的杠杆特性，这两种证券还是有明显的不同点。期权有生存期的限制，它们只有在执行日之前才有价值。而重组股归根到底是普通股，它们更像是没有执行日的看涨期权（虽然重组股会因为公司破产而变得一钱不值），正是这个没有生存期限限制的特性让重组股看上去更加吸引人。同样道理，**长期期权是最接近重组股投资的一种投资方法。**

虽然长期期权也没有像重组股那样的无限生存期，但是，一般情况下，在它们失效前会有最长达两年半的时间。这些时间足够让股票市场认识到公司革命性的改变（如分拆和重组），或基本面的好转（如经营利润、独特或一次性问题的解决），而这种认识上的改变又会带来大量的投资机会。

另外，两年半的时间也足够许多已经彻底便宜的股票，要么是被挖掘出来，要么是再度流行。由于现行税法让持有证券超过一年的投资者享受低税率，因此，持有长期期权即可享受长期资本利得税的优惠，同时又享受期权投资所带来杠杆优势。

但有些时候，长期期权并不能复制一个设计完善的资本重组所具有的内在动力。在资本重组中，公司能够用新的重组股激励管理层和员工。对于股价大幅上升的重组股，这通常为一种有效的的方法，能使管理层和员工在公司里发扬主人翁精神。资本重组后的公司，能立即享受有杠杆的资产负债表所带来的税收优惠，显然买进长期期权不会影响到公司税收状态（但是，由于利息成本已经强制性地加到了长期期权的价格中，因此利息费用也的确纳入了长期期权持有人的纳税范围）。

凡事总是有其两面性，长期期权也拥有重组股所没有的巨大优势。你可以在几百个公司中选择你所中意的长期期权进行交易，而在重组股的名单上仅能登记上那些已经完成资本重组的公司。即使是在20世纪80年代，这个名单上的公司也是有限的。**事实上，由于有这么多数量的长期期权可供选择，你挑选的范围可比管理层的范围广阔多了，你完全可以从中先挑选出具有最佳杠杆（或重组股）效果的股票，然后选择其所对应的长期期权作为股票的最佳投资替代品。**

重组股的投资机会通常比较容易发现，因为它通常会伴随着资本重组的交易公告一起出现，然而要发现长期期权的投资机会就相对难一点。在最可能的情况下，长期期权的投资决策只是你日常研究的一个副产品。在你开始研究长期期权投资之前，往往是先有一个特殊事件，或一个价值被低估的股票，它本身所具有的投资机会引起了你的注意。只有当这个投资通过了最初的筛选，你才会去检查这个已选定的投资对象有没有对应的长期期权正在交易。**只有当某只股票的投资机会成熟以后，为了提高风险/回报率，才能去考虑与这只股票相关的长期期权，也许只有在这时，长期期权才能成为你的一个投资选择。**

那么，在长期期权中你能投入多少钱呢？很多。但是你不要只听信我的话，眼见为实。让我们看一看，在现实世界里，长期期权的两大有力武器：杠杆和延长的时间，能够将一个投资妙想变幻出怎样的投资回报。

| 案例分析15：富国银行的长期期权 |

高利润低风险大获全胜

你还记我曾经告诉过你“借鉴”别人的主意吗？在下一章，我们将讨论从哪里能“借鉴”到好主意，这份名单并不长，它包括了公开发行的刊物、通讯和我所找到的拥有最值钱的投资理念的资金管理人。

在我们正式介绍它们之前，让我们先看一个案例，而这个案例就是从我喜爱的投资通讯《杰出投资者文摘》（*Outstanding Investor Digest*，OID）中“借鉴”而来的。在阅读了通讯中介绍的一个投资于富国银行可以获得不可思议的成功的案例后，我下决心必须将这个好主意“偷到手”。由于我太欣赏这个主意了，我决定投资于富国银行的长期期权，放大我的收益。在本案例中，由于长期期权所特有的在保障方面的附加得分，使我能够获得最佳的风险/回报效果。

1992年12月，我读到一份由《杰出投资者文摘》登载的布鲁斯·伯克维茨（Bruce Berkowitz）的访谈记录，与当时我还不知道他是雷曼兄弟的投资经理。其实我知不知道他是谁并不重要，重要的是，在做出购买富国银行股票的决定中，他所表现出来的思维逻辑性和层次感完全征服了我。当时，富国银行，这家位于加州的大型银行股价是77美元/股。与其他银行相比，富国银行在加利福尼亚州的商业房地产贷款市场中的集中度是最高的，而加州是这场自1930年以来美国最严重的房地产危机中的重灾区。而根据伯克维茨所言，富国银行在加州最大的竞争对手是美洲银行，在其资产组合中，商业房地产贷款总额约合48美元/股（而美洲银行的股价只有47美元/股）。而相比较而言，富国银行的房地产贷款总量为249美元/股（而其股价为77美元/股）。还有就是，富国银行为前一年的贷款提取了相当于27美元/股的损失准备金（即为将来预期的贷款损失进行现金留存），而这27美元/股的损失准备金几乎将富国银行当年的利润全部抹去。在1992年的前9个月中，富国银行又追加了每股18美元的损失准备金，许多投资者怀疑富国银行能否在这场房地产的暴跌中幸存下来。

伯克维茨的投资想法相当简单。如果扣除损失准备金，富国银行（经现金收入和一次性费用调整）的税前盈利为每股36美元。如果房地产市场环境能恢复到正常水准，那么根据以往的经验，每年损失准备金应该在6美元/股附近。也就是说，公司正常的税前利润为30美元/股，即每股18 美元的税后利润（假设税率为40%）。如果市盈率为9~10倍，富国银行的股价应该在每股160~180美元之间（而当时它的股价只有77美元）。现在的问题不是富国银行如何增强自己的赚钱能力以实现每股税后盈利18美元的目的，富国银行现在就已经具有了这样的能力，只不过这种能力受到了巨额损失准备金的影响。就如伯克维茨所言，真正的问题是，如何正确地看待贷款损失准备金及它们到底有多糟？

伯克维茨解释道，其实富国银行的财务状况是相当牢固的。即使是那些已被富国银行在其资产负债表中列为“不良”的贷款，也还在向银行归还利息（但出于保守目的，公司未将这些利息纳入到当年的盈利中）。不良贷款是指这些贷款在某些方面不符合标准，也许是贷款人不再归还利息，也许是没有足额归还应付利息，又或者仅仅是预期未来这些利息和本金不能按时得到支付，因此这些不良贷款远不是毫无价值的。这些占富国银行整个贷款组合6%的不良贷款，依旧有6.2%的现金收益率。这也就意味着，如果优惠利率是6%（银行为其最优质的客户所收取的利率），而富国银行的资金成本为3%（富国银行向储户支付的利息），那么这部分“问题”贷款依旧在为银行赚取非常可观的6%的现金收益。

也就是说，如果富国银行有能力从“问题”贷款上收取如此高的利息，那么这些贷款也没有什么好可怕的了。至少，如果这些问题贷款能按其面值回收一部分，这将是很有价值的“不良贷款”。而据伯克维茨介绍，富国银行划分贷款质量的方法是如此的保守，以至于在被公司列为不良贷款的资产中有近一半的贷款依旧能收到本金和利息支付。

为了报告公司盈利状况和为其资产提取损失准备金，富国银行对这些不良贷款的最坏情况做出了评估。如果包括前两年的巨额损失准备金，公司为未来损失所留存的准备金已经占了公司贷款总额的5%。由于被列为“不良贷款”（注意，“不良”不等于全额损失）的贷款数目只占公司贷款总数的6%，因此，要全部“耗尽”这5%的准备金，那么几乎所有的不良贷款都将变成完全的坏账，或者那些现在列为“良好”的贷款，其质量有大面积的恶化。考虑到富国银行特别保守的态度，按伯克维茨的说法，两种都不可能。

我还注意到了这个交易另外两个关键点。

第一关键点是《杰出投资者文摘》登载的关于富国银行和美洲银行之间的比较。一般投资者都认为在两家银行中，美洲银行是相对比较保守的银行。但是比较表明，虽然富国银行在加州的房地产市场中的风险暴露度较高（因而有较高的不良贷款），但是富国银行的损失准备金也比美洲银行高。尽管有这些准备金，即使在以资产的风险度进行调整以后，富国银行的资本充足率（有形资本与总资产之比）还比美洲银行的高。这是一个积极的信号，它表明富国银行的实际情况并不像股票市场所认为的那样糟糕。

第二个关键点则更加有说服力。即使将不良贷款、损失准备金和实际贷款损失综合起来，富国银行在其140年的经营历史上也未曾出现过一次年度亏损，大多数业界同行对其自身盈利可预见度根本无法达到如此的高度。

1991年，在这个被许多人判定为55年来加州最糟糕的房地产环境中，富国银行依旧能想办法赚取利润。这一情况告诉我，富国银行是一次好机会。因为一旦它渡过了艰难期，那么富国银行的股票享受正常水平的，即8~9倍的市盈率（这个市盈率低于业界的大多数同行）是有理由的，也是可以达到的。结论就是，如果富国银行能从此次房地产危机中幸免于难，它的年度损失准备金能恢复到正常水平，那么这只股票的股价有潜力翻番。

尽管整个分析看起来很有道理，但我还是有些心里打鼓。我对加州的房地产市场又了解多少呢？如果加州的市场环境进一步恶化，我该怎么办？虽然富国银行好像还能经受住相当严重的暴风雨，但是如果这场55年一遇的大雨转变为一场史无前例的漫长雨季，那会怎么样呢？当然了，我从没有在十分确定的情况下进行过投资，我对投资条件的全部要求就是：事件应该能看得明白，在包含风险因素的情况下能提供可观的回报。

但银行是一种奇怪的生物，你永远无法精确地知道它的贷款组合里都装了些什么，财务报告只能给你有关这家银行资产的一个非常笼统的印象。虽然在这方面，富国银行让人比较放心一点。由于准备金、不良贷款的实际质量，特别是其每一年所表现出来的赚钱能力似乎都为富国银行承受未来的损失提供了缓冲地带。但是不管怎样，还是存在这样的可能，不管这种可能有多小，银行的这些房地产贷款还是可能让一次极好的投资毁于一旦。

这也就是为什么长期期权投资看上去非常有意义。虽然极小的资本受损可能性和极大的股价翻番可能性相结合，已经使富国银行的股票变成了非常棒的投资标的，但是长期期权则还要更胜一筹。在那时（1992年12月），我能够通过买进富国银行的长期期权，使我有权利在两年后，也就是1995年1月，以80美元的价格买下该股股票。当这两年过去之后，我就能清楚地知道富国银行有没有从加州的这场房地产危机中幸存下来。如果事情发展顺利，到那时，有极大的可能，富国银行的赚钱能力已经反映到了它的股价上——每股160美元，甚至更高，都不是不可想象的。如果情况正好相反，房价的严重下滑导致了房地产市场的彻底崩溃，该股票的股价可能远远地低于80美元。在这种极端环境下，政府将出手接管银行，现有股东将落得两手空空。

由于有了这种判断，富国银行1995年1月的看涨期权（由于它时间长，可以认为是长期期权），允许持有人以每股80美元的价格买进股票，期权的价格是14美元，这是相当诱人的。这些长期期权允许我在1995年1月的执行日里，以80美元的价格买进富国股票。如果富国股票那时的价格是160美元，那么这份期权的价格也将急升80美元。没错，这是因为我能以80美元的价格买进富国银行，然后立即以160美元的价格卖出。14美元的投资，换来了66美元的利润，这笔收益相当于我原始投资额的5倍。如果富国银行遭受重创或破产了，那么我的损失额只有区区14美元，因此我们可以认为这次长期期权投资的风险/回报比率为1∶5。

如果你观察这个极端的情况（富国银行要么获得全胜，要么一败涂地），你会发现股票并不能提供如此出色的风险/回报比率。如果以77美元的价格买进，即使股价涨到了 160美元，股东也只是赚到了80美元多一点。而如果富国没能幸免，股东也将损失近80美元，所以赔率只有1:1。因为在《杰出投资者文摘》的访谈中，事实已经被勾勒了出来，我相当同意其对富国银行的正面展望。对还是错呢？我估计大幅向下的几率不超过5%。虽然在此情况下，股票和长期期权都是非常好的投资机会，但是，此时此地，长期期权将表现得更出色。

一个对长期期权更简单的思考过程是这样的，如果我是如此喜欢富国银行，为什么我不通过借钱买股票来加大我的赌注呢？这就是我买长期期权的原因，当然，只有当我碰上了一个绝好机会时。我是这么做的，我借入等于1992年12月富国银行股价的钱，而我作为前端费用所支付出去的钱，相当于我对借入资金所支付的利息。这利息是25个月的利息，截止日是1995年1月。虽然这利息费用不算低，但也没有像我的信用卡利息那么高。这个利率相当于，由一家主要的评级机构，如标普公司，定出的投资评级为B或BB的大公司借款利率。即使不考虑投资级别，利率也不是那么可怕。

但是这样做也有好的一面，那就是我只与这些前端利息费用有关。如果富国股票投资最终失败（比如股价下跌，甚至是跌到了零），我就不必归还我原准备用来购买股票的贷款本金了，我所损失的全部就是那些前端利息费用。而另一方面，如果股票上涨了，我将1美元1美元地全程跟随参与富国股票的上涨。我的利润的增加值，将等于富国股价减去我为买股票所支付的利息费用。等一下，等一下，我不得不重新梳理一下：利率等于许多大公司的利率，如果事情不尽如人意，无需再归还贷款，这听上去好极了。剩下的问题就是：我到哪里去签单呢？（注意：这和经典的长期期权分析没有什么两样。高利息费用是因为包括了“资金保障”成本。如果你是一个吹毛求疵的人，硬要讨论分红效应，嗯，分红效应不会实质性地改变这个基本理念。）

结果如何？事情发展完全不出伯克维茨所料。加州并没有沉没到太平洋中，加州的地产并没崩盘，富国银行在1994年每股盈利14美元，而1995年盈利达到20美元/股。1994年9月，股价已经翻番，达到了160美元/股。至于说到长期期权，现在它可让我完胜了！

权证和特殊事件期权投资

如果你喜欢长期期权投资，那么在某些方面，你可能更喜欢权证。权证持有人有权在一段时间里，以指定的价格买进股票。虽然有点类似于看涨期权，但还是有两点不同。

首先，权证是由其所附属的公司发行的。比如行权价82 美元的IBM 5年期权证，就允许持有人在其后的5年时间中的任何时候以82美元的价格向IBM公司购买股票。而期权则不然，公开交易的看涨期权，它所代表的是投资者之间就某一特定的股票所达成的买卖合约，与公司本身没有关系。

第二个不同点是生存期长短不同，这可能对你更重要。权证的生存期一般会比典型的看涨期权长。有点像长期期权，权证的生存期可达几年之久。长期期权的期限一般没有超过两年半的，而权证终止日期可以是5年、7年，甚至是10年之久（实际生活中，甚至还发行过永久权证，即没有终止日期）。与长期期权投资一样，权证所附属的公司的投资价值是权证投资的主要出发点。考虑到在一个相当长的时间段里，权证的杠杆效应和“保障”作用，如果某公司的股票呈现投资机会，那么值得去查一下该公司是否发行权证。

期权市场常常会因其不为人知的市场无效性，为特殊事件投资者提供赚取惊人利润的机会。在过去的20多年间，各种精确建立的金融模型不断地得到发展和优化，以便能更好地为每一种能够想象出来的期权种类（也包括长期期权和权证）计算出精确的理论值。考虑到有如此多的专家和教授将他们的精力集中到了期权和其他衍生品的研究上，你可能会认为常识和铅笔在这个新世界里已经没有了用武之地。但事实是，如果你是一名特殊事件的投资者，准备投资一家经营环境正发生剧变的公司期权，那么，你比那些依靠金融模型计算的人有着更大的优势。

你能占优势的原因是，在许多这样的案例中，期权交易员（其中也包括依靠金融模型计算的人）仅仅将股票价格视为一堆数字，而不是实际存在的公司股份的价格。专家和教授通常在研究中，仅仅依靠期权所附属的股票的历史波动率来计算出该只期权的“精确”和理论上的价格，而所谓的波动率只不过是股价的波动幅度而已。这种由波动率测量方法转换而来的公式，很可能只是布莱克–斯克尔斯模型（Black–Scholes Model）的一种变体。布莱克–斯克尔斯模型是用来为看涨期权定价的一种模型，这也是绝大多数专家和教授用来为期权进行定价的模型。

布莱克–斯克尔斯模型将股票的当前价格、期权的执行价格、利率、期权的留存时间，以及股票以往的波动率组合在一起计算。如果股票的波动率越高，那么期权的价格也就越高。但是这些期权交易员常常未把公司正在发生的异常交易因素考虑在内，如果公司正在进行大规模分拆、公司重组，或股票收购，所有这些特殊交易都会导致公司股价的巨幅波动，而这种波动完全无视其历史波动的确定性。因此，正在发生剧变的公司，它派生出来的期权常常会被错误定价。因此如果你发现机会就躺在那里，你可千万不要惊奇。

根据被分拆出去的公司的规模和重要性，相对于其母公司来说，决定了分拆公司及其母公司的股票在分拆完成以后是否能大幅上涨。分拆公司股票的派送日期已经在事前公布了，因此了解到这些情况和其他一些有关宿主公司的基本信息，你将比那些只依靠数字来投资的期权交易者占有巨大的优势。其中的一种策略就是买进公司的期权，而期权的执行日必须是在分拆完成的几周或几个月之后。在分拆完成后的一段时间里，曾经持有母公司股票的投资者，因为不想持有他们讨厌的资产而选择离去，等到分拆完成以后，他们会回来买进母公司的股票，母公司的股价也会因此而上涨。相同的，由于分拆公司的股票是一只崭新的股票，没有交易记录，也没有认购人来设定期望价格区间，因此首发初期分拆公司的股价常会给人带来惊喜。因此，**可以得出结论，期权市场是让你在分拆领域中获得的研究成果开花结果的好地方。如果你能综合应用在分拆时刻上市场所发生的事件，以及所涉及到的公司的基本面，期权市场则更加适合你。**

重组交易和股票并购也能为有见识的期权交易员带来相同的优势。在重组案例中，如果你知晓正在进行流程中的所有决定性的时刻，你就可以选择恰当的看涨和看跌期权的执行日期。在许多案例中，凡是大规模派送现金和证券的日子或是资产出售的结算日，都会引起相应股票价格的剧烈波动。

在并购案例中，如果收购价格中有一部分是用普通股支付的，则在并购的完成之日常常会引起股价的异常波动。在并购完成前后，实施并购的公司股票（我们目标公司的期权在并购完成之后，就可以转换这家公司的股票）会受到各种压力。首先，当并购交易宣布之后，并购套利者会立即买进并购的目标公司股票，同时卖空实施并购的公司股票。而当并购完成以后，实施并购公司所受到的这种卖压就会得到释放。但在并购完成的几周之内，那些在并购宣布之后没有卖出股票的原被并购公司的股东，会倾向于选择卖出他们收到的并购者的股票。个中的原因，恐怕是那些导致他们买进被并购公司股票的理由不能适用于新公司。随着这股卖压得到缓解，并购者的股价常会有大幅上升，这种情况常会发生在并购者所发的新公司的股票数量大大地超过了并购前的股票数量的时候。

好了，理论说得太多了。还是让我们讲一个真实例子，看一看公司的异常事件是如何让最聪明的金融模型失效的。

| 案例分析16：万豪公司的期权 |

通过研究获得巨额回报

万豪分拆事件（在第3章讨论过）为这个现象提供了极好的例证。就像我们前面讲过的，万豪公司分拆成两个独立的公司，一个“好”万豪（即万豪国际），和一个“差”万豪（即万豪服务）。万豪国际计划持有所有有价值的旅馆管理合同，而万豪服务则计划持有所有无法出售的房地产和几十亿的债务。分拆时间定在1993年9月30日，这个日期是提前11个月宣布的。

1993年8月，万豪公司的股价为27.75美元，我能够以3.73美元的价格买进到期日为1993年10月、执行价格为25美元的看涨期权。因为10月的第三个星期五是10月15日（分拆完成日是9月30日），在我的期权到期之前，万豪国际和万豪服务这两家公司的股票至少已经独立交易两周了。通常，如果在期权到期日之前发生了公司分拆，那么执行期权的持有人，有权得到母公司和分拆公司的股票，其待遇和在分拆日还持有股票是一样的。在这个案例中，这就意味着如果我在10月中旬执行了我的看涨期权，那么我将以25美元的执行价格换回1股万豪国际的股票和1股万豪服务的股票。

而奥妙就在于，我所支付的期权价格中，并没有包含分拆将在期权到期之前几周内完成这样一个事实。这两只股票，母公司的和分拆公司的，在期权到期前就将独立交易。那些只想买入“好”万豪（万豪国际）而不想承担那些债务和无法出售的房地产所带来的风险的投资者，最终会在10月的头两个星期里买进股票。这就意味着在新股票几个星期的交易时间里，股价会有大幅变动。

然而，为“差”万豪（万豪服务）估值则是一个问题。万豪服务有超过25亿的债务，而只发行了不足1000万股。因此，万豪服务股价是3美元/股还是6美元/股，其间的差距并没有想象的那么大。3美元/股意味着万豪公司总市值（债务加股票市值）为28亿，而6美元/股转化为总市值则为31亿。虽然在股价上两者有100%的差距，但在总市值上两者的差距只有10%。简而言之，10月的头两周，这两家公司的股票都将面临一个交易的活跃期。结果怎么样？就在我买入期权不到一个月，也就是在9月30日分拆日的前一天，万豪公司涨到了28.5美元，而对应的10月的25美元看涨期权涨到了3.625美元。到了10月15日，期权的执行日，剧烈变动终于发生了。万豪服务是6.75美元，而万豪国际是26美元。由于期权赋予持有人的权利是，可以以25美元的价格同时买入两家公司的股票，因此，期权的价格飙升到了7.75美元。这是因为1股万豪国际值26美元，而1股万豪服务值6.75美元，两者相加，总合为32.75美元（而我有权以25美元的价格买进），而10月的30美元看涨期权的涨幅还要大。这些期权在9月23日，可以以0.25美元的价格买进，而在3个月后，就上涨到了2.75美元。

将过去的价格波动数据输入金融模型，根本无法预测出万豪公司的期权价格会如此大的波动。瞧，少许的工作和少许的知识能得到怎样的回报？如果生活的不公平是如此体现的，你是不是有时会很高兴？

小 结

（1）重组股。在股市中，几乎再没有其他地方能让人在谨慎的研究和分析后获得如此快和如此棒的回报了。

（2）长期期权。在股市中，几乎再没有其他地方（可能除了重组股以外）能让人在谨慎的研究和分析后获得如此快和如此棒的回报了。

（3）权证和特殊事件期权投资。几乎再没有其他地方（可能除了重组股和长期期权以外）能让人在谨慎的研究和分析后获得如此快和如此棒的回报了。

第 7 章

寻找特殊事件下的投资机会

SEEING THE TREES THROUGH THE FOREST

就像我父亲所说的，“数字不会说谎，但说谎的人会伪造数字”。所以当你阅读资产负债表和损益表时，如果你不了解基础知识，而且你不想欺骗你自己，那么复习一下功课是不错的建议。

记住，决定赚大钱与否的是你投资想法的质量，而不是数量。

嗯，你也许在想我是不是那个《疯狂警察》游戏里的警察，凡是和他合作的搭档最后都挂了，我有那么衰吗？哦，我得申明一下，当你穿好复古的睡衣裤睡眼朦胧地上床睡觉时，我还在研究这些公司的特殊事件投资，我要靠这个来赚钱啊。哈哈，不过结果也许我成了那名警察；事实上，我是不是那名警察取决于你而不是我！

虽然你确实能够成为股市天才，但是谁也不能保证你一定能成为天才。就像所有新知识的掌握一样，要想成为好的投资者，必须投入大量时间进行练习。我之所以将你领到那些获胜几率有利于你的地方，只是想让你有一个好的开端，但你还是必须拥有良好的判断力。如果你只是一名菜鸟小散，你也许应该用你资产中的一小部分作为开始，投入到这些公司的特殊事件中，先练练手。随着知识和经验的积累，你将有足够的自信心，在这些特殊事件中投入你大部分资产，赚一大票。

当然，你还有其他的方法能够避免被挂掉的命运。我可不想在《暗黑破坏III》游戏中，因为你的死去向什么人复仇，所以你不得不学会自己照顾自己。要做到这点，其中之一的方法就是精心搭建好你的投资组合。例如，在你的组合中包含有5~6只不同的分拆公司，这样的组合是令人满意的组合；而如果组合中只包含5~6只不同公司的长期期权，则这样的组合不能令人放心。同样的，除非你是某一领域的专家，否则将你的投资的全部或大部分都集中在一行业中，一般来说，是不明智的。更进一步，太多的保证金债务将迫使你在错误的时间点不得不卖出你的头寸，只有非常有经验的投资者，才能在他的组合中借入大额债务。当然，所有这些都是常识。但当你开始投资时，如果你还不具备这些常识，而且，你也不愿意花时间掌握这些常识，那么，亲自管理自己的投资组合对你而言是不合适的。

当你真正面对投资的时候，这本书是不能替代你做出那些不得不由你自己做出的决定。我在许多领域不是专家，其中包括保险、养老金、大宗商品、房地产、稀有硬币、油井和赛狗，**但我确实知道在股市中投资公司特殊事件能够赚钱，而且，我还认为在今后相当长的时间里，这个领域依然能比股票市场的其他地方更能赚钱，这就是为什么我将大部分投资集中于此的原因。然而，这个策略适用于我，并不意味着对你也有效。你在这些特殊的股票事件中投入多少金钱，完全取决于你个人的财务现状、你在其他领域的知识以及你领悟、应用本书中知识的熟练程度。**

虽然在这里，我们所讨论的“战胜市场”的策略都能帮助你积累财富，但是其中有一些比较简单的方法，相比其他方法更适宜于投资新手。例如，每个人都可以玩分拆游戏（Spin-Off Game），分拆很容易辨别。你还可以在一大堆机会中挑挑拣拣。由于“系统”的工作方式的缘故，便宜货会源源不断而来。由于在此投资的总体收益要高于市场平均收益，所以即使你毛手毛脚地把事情办得不尽如人意，也还可以赚到不错的收益。更妙的是，你甚至可以终生都在分拆领域里度过（当然了，这等好事没有人会告诉你，而且，很快就会有人舔着口水，贪婪地向你乞求分享），也确实没有必要再到其他领域去了。记住，如果分拆投资是你最擅长的投资，那么无论如何都要赖在那里，直到被人强制赶走。

另一方面，在有些地方，如长期期权和特殊事件期权参与投资的人，尤其是那些初涉期权交易的投资者，需要加倍小心。虽然只要投入你资产中一小部分到这些高杠杆的投资工具中就能够显著地增加整个组合的净值，但是，期权包含的风险程度是相当高的。如果在尚未熟知期权是如何运作之前就进入该领域，你无疑是在举着火把穿过炸药工厂，也许你能活下来，但这丝毫不能改变你是个傻瓜这一事实。

不论你从哪里起步，请记住，整个组合不可能在一夜之间成型。即使你每两三个月才能发现一个有吸引力的事件，你完全可以用一年的时间建立起你自己的特殊事件投资组合。依照这个速度进行，在两年之内，你可能已经做成了8~10笔不同的投资（虽然在这期间，你的组合的股票数始终小于这个数字）。在一般情况下，在你最终建立起来的组合中，不会只包含并购股票，或者只包含弃儿股票，或者那些正在重组的公司。紧盯完全熟知的事件，以及利用这些事件所提供的异常风险回报特性，最终你会在上述那些领域中各找到一两个机会，这完全是有可能的。

我前面已经说过，投资分拆与众不同。近几年，在分拆领域中机会是如此之多，你完全可以组成一个全部是分拆股票的组合（当然，它的母公司也可以包括在内）。在为期两年的时间里，发现3件、4件甚至是5件这样的事件不会有什么困难的。虽然你在长期期权市场中能发现更多的机会（因为长期期权的数目有几百家之多），但是，考虑到长期期权的杠杆特点，如果我建议你在某个时间段里投入你组合净值的10%或15%，那我一定脑子进水了。

你还可以有另外一种玩法。你完全可以将你的整个组合构建在这些特殊公司事件之上。也许你还擅长其他的策略，也许我们能称你为格雷厄姆的信徒。你不想花时间和精力去挑选个股，但是你也渴望击败市场。将15~20只低市盈率或者低现金流率的股票捆绑在一起，也许能帮你完成这个心愿。但是如果你在这个组合上面间歇性地再选一些发生特殊事件的公司股票（数量约为你总股票数的20%~30%），你完全可以取得令人满意的效果。虽然我不是统计型投资的积极拥护者（因为我发现自己更擅长研究和理解我准备买进的企业），但是对于没有时间自己做研究的投资者来说，这不失为一个可以接受的策略。

不管怎样，假设你已经上了特殊事件投资的船了，你认为特殊事件股票投资很适合你，你卷起袖子，正准备大干一番。那么你先做什么呢？到哪里去找这些特殊的投资机会呢？有什么信息来源能帮助你发现它们吗？你还需要恶补哪些基础科目吗？哪里能帮你达到会计科目速成的目的，比如像资产负债表、损益表、现金流等等？嘿，先等一等，首先……我认为首先你要做的就是停止问这么多的问题。其次，我将很高兴在本章余下的部分回答你问过的所有问题。

特殊事件信息在哪儿

问：我在哪里才能找到这些特殊事件的投资机会？

答：阅读，阅读，再阅读！

你可能会认为那些发行量达几百万份的报纸不是发现猎物的理想场所，但是，事实证明它就是。在现实中，《华尔街日报》（*Wall Street Journal*）已经荣膺了新奇投资想法的最佳来源的称号。许多赚大钱的机会（包括在本书中出现的例子）都会在报纸上出现，有时每隔几个月这种机会甚至会出现在头版。即使那些较小公司发生的交易和公司转变不出现在头版，但一定会有所报道。问题不在于有谁看见了这些新闻，而是在读过本书后，你更清楚地知道寻找什么。

有关派拉蒙收购战的报道盘踞头版时间长达6个月之久，但是最终的支付方案却没有出现在头版，现金、股票和四种难懂的证券没有以通栏标题的形式出现。虽然《华尔街日报》也报道这一信息，但是其焦点不在这上面，而你则可以做到。另外，在过去，可能一些小部门的分拆不会引起你的注意，但是现在，在你的眼中，它们都是爆炸性新闻。甚至在你晨读的时候，"破产"这样的字眼都会让人更清醒，你心中涌起一个想法：虽然其他人也看到了这些报道，但是我将从中发现投资机会。

除了《华尔街日报》以外，你完全不用再读其他的刊物。当然了，在其他的刊物上你也能发现新的投资想法，时间和兴趣才是你的唯一限制。下列刊物是搜寻投资想法的好去处：《纽约时报》（*New York Times*）、《巴伦》（*Barron's*）、《投资者商业日报》（*Investor's Business Daily*）。地方性报纸和区域性刊物也是好去处，这是因为发生异常交易的本地公司及其子公司，常常被本地报纸更详细地报道，透露更多的细节，相比全国性大报报道同等性质的事件，本地报纸跟踪报道的时间也更长。另外就是那些行业性的报纸，如《美国银行家》（*American Banker*）、《股市新闻》（*Footwear News*）等等，也非常有用，但是如果你还没有订阅它们，也不必烦恼。

这里列出一些非常有名的商业杂志供你选择。我认为，《福布斯》（*Forbes*）和《美国财经杂志》（*Smart Money*）两本杂志是最好的灵感来源。当然还有，如《商业周刊》(*Business Week*)、《财富》(*Fortune*)、《金融世界》(*Financial World*)、《价值线》(*Worth*)、《金钱》(*Money*)、《凯普林格个人财务》(*Kiplinger's Personal Finance*),以及《个人投资者》(*Individual Investor*),都值得读一读。你当然无法(也不想)通读所有这些刊物,只要在你能找到的,挑选你能鉴别的就可以了。

记住,决定赚大钱与否的是你投资想法的质量,而不是数量。

因此只有在有时间和有心情的时候才阅读,不要让自己过劳死。这样的工作方式,你反而会发现更有工作效率。

如果我所给出的还不足以喂饱你的话,下面我介绍下一个潜在的想法来源,那就是投资通讯。这些信件定期寄出,而每年收费通常是在50~500美元之间。虽然这些通讯的声誉普遍不佳,但经过筛选,通讯名单已经被我缩小到了那些适宜投资好主意生长的肥沃土壤上面了。我已经说过,我最喜欢的是《杰出投资者文摘》。《杰出投资者文摘》杂志常邀请顶级的价值投资经理进行访谈,通过有说服力的和通俗的方式,畅谈他们最佳的投资主意。这些通讯常常是发现未来长期期权投资对象的好场所,顺便还可以了解那些正在进行或已经完成重组的公司。

另一份投资通讯就是《转机投资通讯》(*The Turnaround Letter*),它所跟踪的公司,正如它名字所暗示的,都是那些公司状况正在好转的公司。这份通讯跟踪的重点是两类股票,一类是那些弃儿型股票,即新近从破产处理中恢复过来的公司股票,另一类是公司重组股票。虽然这份通讯对寻找投资主意很有帮助,但是你也仅能将它的内容作为你研究的起点,独立地做你自己的研究总是不可少的。下面的一个推荐则有双重效果,《迪克·戴维斯文摘》(*Dick Davis Digest*)的内容是由该通讯的编辑将股市中所有在其他通讯中刊登出来的主题加以精选编辑而成的,浏览这份通讯,可以帮助你找到在其他地方被你疏忽的一些特殊投资事件。

跟着大师走

再介绍一种搜寻投资新点子的办法。这种方法只需打个电话和做少量的调查工作。打个简单的电话，你就可以得到国内最好的特殊事件和价值投资经理的股票组合的复印件。《系列共同基金》(*Mutual Series Funds*) 专门刊登美国国内顶级共同基金的简介，它也是绝佳的狩猎场所。在它所介绍的基金中约有25%的基金，它们的股票组合集中在公司异常事件上。基金经理迈克尔·普林斯就是知名的（也是出色的）价值和特殊事件投资者。可能你不得不在他的相当长的持股名单中，找出那些买入原因是因为某种新或旧的公司特殊事件。找出那些股价和普林斯的持仓成本相差无几的股票，将这些股票作为你研究的目标。

马丁·惠特曼（Marty Whitman）的第三大道价值基金为投资者拷贝好主意提供了许多次机会。惠特曼先生是华尔街老资格的专家，他以独特的、非常规的视角审视内含价值投资机会的事件。最后一个上推荐名单的是《普泽纳集中价值基金》(*Pzena Focused Value Fund*)，它是由理查德·普泽纳（Richard Pzena）管理的。普泽纳是S.C.波斯坦因公司主管美国股票的前总监。由于这家基金投资集中在受冷落的大市值的价值型股票，所以它是长期期权投资想法的最佳策源地。普泽纳先生持有量最大的3~4只股票（在简介中也介绍了他的持仓量）是很好的研究起始点。（注意：我在普泽纳先生的公司中拥有股份，因此我在这里告诉你复制他的好主意，希望不要因此而引起潜在的利益冲突。）

从那些经过预先筛选过的股票池中挑选股票，这种理念很有用，特别是这些股票来自于顶尖投资者。但是请不要忘记，将一件特殊事件钻研透要远远好于对许多事情的泛泛而知。不论你是打算从《华尔街日报》得来的灵感开始，还是从共同基金的组合开始钻研，甚至是你将一个事件已经研究得很透彻了，你依然可能面临着挖到一口枯井的困境，因为这个特殊事件没有提供给你投资所必需的“安全边际”。当然了，最有可能造成你一无所获的主要原因可能还是在于你无法理解这个特殊事件。你也许无法理解公司所处的行业、竞争态势，或是这种巨变的后果。但是这不是什么问题，你所需要的，其实只是少量的、你有信心的特殊事件。因此，不必整天忙忙碌碌地追逐新的想法，坚持每天阅读报纸就很好了。而且，由于你现在比较清楚你在寻找什么，所以那些新想法自己就会跳到你的面前。

详细了解公司

问：现在，我得到一个好想法！接下来该做些什么？

答：获取该公司的基本投资信息。

如果你找到了一个潜在的有趣的特殊事件，那么有许多地方能提供给你更进一步的信息。投资信息的首选之地就是那个公司自己，证券及交易委员会要求它所监管的每一家公开交易的公司必须递交定期和临时的特别报告。

获取背景资料最佳之处就是公司的年度报告（SEC 10K表）和季度报告（SEC 10Q表），这些报告提供公司的商业和经营的结果、公司的损益表、资产负债表和现金流表。另外，在公司的年度委托书（进度表14A）中，你可以找到你想知道的所有事情，包括管理层持有的股票数目、期权数目，以及奖励总额。

如果想了解公司的异常事件，可以注意以下文件：

8K表（Form 8K）：当公司有实质性的事件发生时，如并购、资产出售、破产或者控制权转移，必须填写此表。

S1表、S2表、S3表和S4表（Form S1、Form S2、Form S3、Form S4）：当公司要发行新股票时，需要将登记声明填写在S1~S3表中。而当证券在下列情况下被派送时，必须填写S4表：并购或其他商业形式的兼并、证券交换、并购和重组。S4表有时会在某个事件中和委托书一起递交。（S4表一般内容广泛，信息量极大。）

10表（Form 10）：这个表通常是为分拆派送提供信息（除了你不好意思问的问题，这里面可以说是无所不包）。

13D表（Form 13D）：持股数超过公司股本5%的大股东，必须在这个表中说明具体的持股数和持有的目的。如果持股是出于投资目的，也许值得查查填写这个表的投资者的美誉度。如果买入的目的是为了对目标公司加强控制力，或是施加影响，那么这个表的出现就是公司将发生巨变的首个征兆，或是催化剂。

13G表（Form 13G）：如果买入的行为是为了投资，那么机构投资者须填写此表，而不是13D表。

进度表14D-1(Schedule 14D-1)：这是外部人士填写的正式的要约声明。这份文件能很好地解释此次收购的背景资料，你可以从资料中间人那里得到，中间人的详情列在正式要约中。

进度表13E-3和13E-4(Schedule 14E-3,Schedule 14E-4)：表13E-3是专为私有化交易而设的（就像是在第4章介绍的SRF事件）。而当一家公司买回自家的股票，它必须填写13E- 4表（就像在第5章介绍的通用动力公司）。记住，由于这两种事件都相当有利可图，而在此披露的信息也相当多，因此要仔细读。

在许多时候，你直接打电话给公司的投资者关系部（嗯，当然，你不得不撒个体面的谎言，自称是公司的股东），就可以免费得到这些表，现在这些表也可以在互联网上通过EDGAR系统免费得到。所有公司现在都要求将其电子化文档通过EDGAR系统对外披露（EDGAR是电子化数据采集分析和检索的英文缩写），这些表在递交给SEC后，24小时之内，就会在两个免费网站上公布，这几乎完全可以满足你的所有要求。最近，纽约大学提供了一个免费网站，网址是http://edgar.stern.nyu.edu,SEC自己也有一个网站，网址是http://www.sec.gov。

再说一遍，你完全不需要这些额外的东西。一份《华尔街日报》，打一个电话索要公司的资料和新闻稿，以及一张图书卡，就可以开始干活了。在多数案例里，你都会有充足的时间来研究。如果一个案例的情况每时每刻都在发生着变化，那么它也许不是为你而设的。你在电视上所见的大多数华尔街人都在那里到处走动，大声叫喊和尖叫，他们都不是在思考和研究。他们是在……说实在的，我也不知道他们在做什么，你根本不必理睬他们，重要的是坚守那些你有时间研究并能理解的事件。

财务报告必知

问：什么是我所须知的基础知识？哪里能让我速成基本财务知识？

就像我父亲所说的，“数字不会说谎，但说谎的人会伪造数字”。所以当你阅读资产负债表和损益表时，如果你不了解基础知识，而且你不想欺骗你自己，那么复习一下功课是不错的建议。当然不是所有人的都必须这么做。通过学习下列的书籍你可以很好地理解资产负债表和损益表：《如何从数字中拧出关键信息》,《像格雷厄姆一样读财报》以及《怎样阅读财务术语》(由美国管理协会出版的小册子)等。

本杰明·格雷厄姆的书对我有很大启发，建议你也买来，好好进行研读，相信会对你有所帮助的。

现金流必知

问：所有这些都是有关现金流的吗？现金流又是什么？为什么要注意它？(我怎样计算？)

现金流术语在投资者眼中有许多版本。在分析公司时，最有帮助的现金流测算方法就是有些人认为的自由现金流。在许多案例中，自由现金流要比净利润能更好地反映出每年到底有多少现金流进了公司。因为现金盈利(相对于报告的盈利)可以支付分红、回购股票、支付债务、投资新项目和用于并购，它对理解公司生产现金的能力更有帮助。这个概念很简单，你可以在公司的年报和季报上随处可见的现金流术语得到你想要的信息。

这个想法是因为净利润(通常反映为每股盈利)是从会计角度来反映公司的收入。在净利润中还包括某些非现金成本，与此同时，有一些现金成本却又未反映在其中。自由现金流就是简单地在净利润上加回那些非现金费用，同时减去一些现金成本，从而得到一个更准确的、有关公司产生现金能力的数据。

首先，非现金费用是指折旧和摊销。折旧是指将固定资产如厂房和设备的成本按它们的使用年限进行分摊,并在盈利中将分摊的数目作为非现金费用加以扣除。

例如，如果你花了 100万买了一台新机器，那么你在一年之内就将这100 万从盈利中扣除，而这台机器使用寿命是10年，这就不是很恰当了。每年从盈利中扣除10万美元的做法，就更能反映经济现实。所以即使在第一年那100万现金就已经流出去了，但在损益表中只能反映10万美元的费用，也就是反映了一年的折旧额度。

摊销作为另一种非现金费用，其性质与折旧有几分相像，只是它每年从盈利中扣除的是某种无形资产的冲减额，具体数字也是按一定年限分摊而得。这种无形资产的生命期可以是一年，也可很长，没有具体的规定。商誉是无形资产中最常见的一种形式，当A公司收购B公司时，如果它出价高于B公司的可鉴别的资产价值时，就会形成商誉。商誉一般是记录在公司的资产负债表中，并按不超过40年的时间进行摊销，摊销额须在盈利中扣除。在许多案例中，一家实施了并购的公司，即使它的盈利能力没有衰减，至少是在会计科目上，也会因为摊销费用而减少（这就是为什么要将它加回去的原因）。

计算自由现金流的基本流程是：

（1）找出净利润；

（2）加回折旧和摊销等非现金费用；

（3）扣除公司的资本支出，这常常表述为新厂房和设备的现金支出。

计算结果就是公司那一年赚取的自由现金流。计算过程如下：

净利润	\$20
+ 折旧	\$6
+ 摊销	\$3
	\$29
–资本支出	\$5
自由现金流	\$24

注意，在这个例子中，自由现金流数字比净利润大了20%。如果在一段时间内，自由现金流总是高于净利润，那么，在计算公司价值时，使用自由现金流比使用净利润更合理一些。例如用自由现金流的倍数来衡量公司，而不是用更常见的盈利的倍数，即市盈率来衡量公司。同样的，如果一家公司的自由现金流持续地低于净利润（而且这种现象还不是因为公司为扩张业务，大量消耗资本所致），那么在为公司估值时，最好也选用保守的自由现金流。

有好几个原因会导致公司的自由现金流不等于公布的盈利。

一个原因是折旧（一种基于固定资产的历史成本所收取的年费）不能准确地反映出公司现有厂房和设备的实际置换成本。这些有形的厂房和设备的置换成本由于通货膨胀，实际上每年都在增长。

另外，在有些工厂中，即使现有厂房并未破损，公司也不得不定时加以修缮以保持竞争力（例如，本地小百货店或旅馆由于临近街区竞争对手的行动或新竞争者的出现，而不得不将重新装潢时间大大地提前）。当然，在有些案例中，也存在着折旧费用超过现有实际成本的。有时，技术的进步将会降低设备的置换成本。在有些例子中，老设备的使用期限会超过预期的折旧时间。

在所有这些案例中，检查折旧（会计估算的成本）和资本支出（实际现金成本）的年度差额，都会得出自由现金流大于盈利的结论。**一旦你将非现金的摊销成本加回来，则使用自由现金流的益处就更加明显了。因为在大多数健康的企业中，摊销只是一种会计规则，但是为了拼出公司现金生产能力的真实图片，在盈利上加回年度摊销费用是十分必要的。**在那些摊销费用额巨大的公司，自由现金流通常是公司盈利能力的最佳测量标准（你也许记得在电视购物网络集团中的电视台的情况就是如此，那次，这些电视台被分拆，另行组成了银王广播公司）。

还有一点，如果公司成长快速，大量的资本支出（当然这是自由现金流的扣减值）并不一定是坏事。在所有资本支出中，那部分用来维持现有生产力的资本支出是关键问题。虽然有一些公司将维持性资本支出和扩张性资本支出分开表述，但是通常你必须打个电话索要相关数据。在任何一个案例中，资本支出额大于折旧额度并不能成为担忧的理由，如果这家公司这么做仅仅是为追求公司成长，那么，你确信公司将不断取得成功。

我喜欢的书

问：还有其他的投资书籍值得一读吗？

答：没有！（当然开玩笑了。）

其实我想说的是，没有其他专门讨论特殊事件投资的书可以推荐。但还是有不少书，能让你知晓有关股票市场和价值投资的极精彩的背景知识，所有这些知识都对特殊事件投资很有帮助。如果你有时间，并且喜欢读些书，下面就是我最喜欢的投资书，推荐给你。

◎《逆向投资策略》，戴维·德瑞曼（*The New Contrarian Investment Strategy*, David Dremen）

◎《聪明的投资者》，本杰明·格雷厄姆（*The Intelligent Investor*, Benjamin Graham）

◎《沃伦·巴菲特之路》，罗伯特·哈格斯朗特（*The Warren Buffett Way*, Robert Hagstrom）

◎《安全边际》，塞思·卡拉曼（*Margin of Safety*, Seth A. Klarman）

◎《彼得·林奇的成功投资》，彼得·林奇、约翰·罗斯查尔德（*One Up on Wall Street*, Peter Lynch and John Rothchild）

◎《战胜华尔街》，彼得·林奇、约翰·罗斯查尔德（*Beating the Street*, Peter Lynch and John Rothchild）

◎《你唯一需要的投资指南》，安德鲁·图柏斯（*The Only Investment Guide You'll Ever Need*, Andrew Tobias）

◎《大师的投资习惯》，约翰·特雷恩（*The Money Masters*, John Train）

◎《像格雷厄姆一样读财报》，格雷厄姆（*The Interpretation of Financial Statement*, Benjamin Graham and Spencer B）

第 8 章

滚雪球吧

ALL THE FUN’S IN GETTING THERE

如果你是名投资新手，我希望本书能作为你投资的起步和指南。如果你是名投资老手，有着足够的股票市场经验，希望此书能为你打开通往投资新世界的大门。

就像我始终强调的，这需要一些功课和努力，但是这些知识会让你感到安心。如果每个读过本书的人都很好地领会、运用书中介绍的方法，并在投资实战中体现出来了，那么也许你不能取得非常棒的业绩。因为那些让你与众不同的投资方法，同时也就是让大多数投资者打败你的方法。

航海是我的一大业余爱好，不为夺标，也没有目的地，只是为了在广阔的海面上兜来兜去。几个世纪以来，新技术的不断涌现，快速的水面航行方式更多了，当然了，旅行有多种更快捷的方法，但是那种旅行距离和艰苦度成正比的感觉最棒。要点是不要为自己设定什么特定的目标，我自己就总是从终点回到起点，目的只是享受这次旅行，并努力完成旅行。所有的快乐，就像老话所说的，就是在得到它的过程中，因为快乐不在“它”中间。

想成为长期成功的投资者，你必须相当享受这趟旅程。巴菲特和彼得·林奇的财富，很早以前超过了他们以及他们的家人生活所必需的程度，但是很明显他们依旧很享受来自投资的挑战。如果你是那种股市一下跌就睡不着觉的人，或者比这更糟，因为股市下跌引发了你的恐慌，仓皇中你抛掉了那些经过深思熟虑的投资头寸，那么也许比较被动的投资方式，而不是本书提到的建议，更加适合你。事实上，如果你不能以投资为乐，这也没有什么可烦恼的，你的时间完全可以花在其他更有意义的事情上。

当然，如果你能成功管理好你的投资，你可以多重获利。虽然每个人都认为金钱不能买到什么，但是金钱也能买来一些很实际的东西：一定的安全且舒适的退休生活，为你的家庭提供经济支持。即使从宗教的观点看，金钱也不完全就是一个邪恶的东西。事实上，如果金钱用来帮助他人，它就是一个非常高尚的东西。

有些人，甚至包括18世纪著名的经济学家亚当·斯密，都认为在你追求自身利益的时候，整个社会也会因你而受益。例如在股市中，股票的买卖行为创造出一个公司权益类证券的市场，并最终为那些生产率较高的优质公司进行融资和扩张提供了便利。虽然这是真的，但是此类想法最好到此为止。如果只有赌博才能保证报单员保住他们的岗位，我十分确信这种利他主义的特殊形式就连艾伯特·史怀哲[①]都不会做，肯定有更高尚和更好的事情等着你去做。

虽然许多人都说“时间就是金钱”，但是其实他们是在说“金钱就是时间”。毕竟，时间就是每个人生命的货币。当它用完时，游戏也就结束了。拥有财富的好处之一，就是你能够完成那些需要花时间去追求的事情。事实上，如果你没有钱，你无法养活你的家庭，无法为社会做出贡献。虽然金钱不能为你买来快乐和满足，但是它能够为你买来其他的一些东西。从某种角度来看，你甚至可以买来时间，你可以做你想做的事，让生活更有意义一些。

你可以多层次看待本书。

如果你是名投资新手，我希望本书能作为你投资的起步和指南。本书所描述的机会看上去很诱人，而且所涉及领域中的特殊事件，保证也不超过一般投资者的理解能力。虽然你不必成为股市天才，但是为了获得经验，你确实需要理解财务术语、具备常识，以及足够耐心。

如果你是名投资老手，有着足够的股票市场经验，希望此书能为你打开通往投资新世界的大门。无论怎么说，如果你知道到哪里去寻找这些宝藏，而且在这些地方的投资几率完全倾向于你，你的工作将变得容易一些。在读了本书以后，你会知道一旦到了那里，你将寻找什么。

就像我始终强调的，这需要一些功课和努力，但是这些知识会让你感到安心。如果每个读过本书的人都很好地领会、运用书中介绍的方法，并在投资实战中体现出来了，那么也许你不能取得非常棒的业绩。因为那些让你与众不同的投资方法，同时也就是让大多数投资者打败你的方法。

帮助你在股市中取得成功不是靠异常发达的大脑、无可比拟的商业悟性和不寻常的见识。**现在你已经知道它是什么了，诀窍就是简单地做一些特别的功课。当你想到这点时，其实投资就相当简单了。**

---

① 艾伯特·史怀哲（Albert Schweitzer），被人成为“非洲圣人”，20世纪人道精神划时代伟人、一位著名学者以及人道主义者。

战胜股市的诀窍是简单地做一些特别的功课！

虽然不能说股票市场总是公平的，在大多数案例中，在相当长的时间里，它的确如此。虽然鄙人是典型的逆向投资者，我还是同意大众普遍认识，即对大多数人而言，股票可以作为投资工具的一种选择。如果经济和个体公司能尽可能长地持续增长，那么早晚股票市场将反映这一现实。但这并不是说，在任何时刻，股票市场都能提供很好的回报。从20世纪60年代晚期到80年代早期的一段时间里，主要市场平均来讲几乎是原地踏步。但是一般来讲，在一个长期的股票市场中，它总能准确地反映出公司的进步。

本书的终极目标是给您带来特殊事件投资的大礼。虽然一个不断上升的市场很美妙、对股价上升有帮助，但这不是必须的。**因为你的诱人机会是由公司的特殊事件创造的，而这种事件会发生在任何市场环境中，新的便宜货总是不断地出现。**虽然也许不是在今天，也不是在明天，但是只要你将功课做足，市场终会承认这些内在价值，你也正是因为这些廉价机会会不断出现才研究这一领域，这也就是为什么彻底遵守挑选廉价股票的方法会带来利润。

本书讲到这里，我给你透露一个"不能说的秘密"：雪很湿、坡很长，一个雪球已在坡顶准备好了，给你一张地图、足够长的绳索和爬山工具，以便你能到达那个雪球旁边。你的工作，假设你选择接受，就是将雪球轻滚下山，雪球会越滚越大！

那就合上书，开始滚雪球吧！

术语表

摊销（Amortization）

摊销指对除固定资产之外，在使用期限内分配无形资产（指没有实体形态的资产如商誉或者专利权）的成本时，所产生的从收入中扣除的非现金支出。尽管对商誉（指收购价格超出被收购的可分辨资产的公允市场价值的部分）的摊销会从收入中加以扣除，但这笔支出不是正在发生的现金成本。如果被收购企业的价值保持稳定，或者逐渐增加，将从收入中扣除的摊销重新纳入计算，将更清晰地展现出一家公司真正的盈利能力（参见第7章中有关现金流的讨论）。

β系数（Beta）

β系数也称为贝塔系数（Beta coefficient），是一种风险指数，用来衡量个别股票或股票基金相对于整个股市的价格波动情况。

布莱克–斯克尔斯期权定价模型（Black–Scholes Option Model）

这是为期权制定合理价格而开发出来的一个定价公式，是哈佛商学院教授罗伯特·默顿（RoBert Merton）和斯坦福大学教授迈伦·斯克尔斯（Myron Scholes）两人创立，两人还因此获得第二十九届诺贝尔经济学奖。

布莱克–斯克尔斯期权定价模型为包括股票、债券、货币、商品在内的新兴衍生金融市场的各种以市价价格变动定价的衍生金融工具的合理定价奠定了基础。

在正常情况下，这一模型是成立的。但当预测正在经历非常规变化的公司的期权价格时，这一模式就不成立了（参见第6章中的具体内容）。

债券（Bond）

要求在到期时支付一定金额的债务凭证，通常要求定期支付利息。一家公司发行的债券有先偿债券和后偿债券之分，一家公司所发行的一种债务的偿付等级可能低于该公司所发行的其他债务凭证（也就是说对该公司的资产享有较低的分配权）。

债券也可分为担保债券（有抵押品做担保）和无担保债券（无抵押品做担保），通常这里指的是公司债券（Debenture）。有一种债券可以被转换成其他的证券，有的债券为零息债券，只需在到期时支付本金就可以了。实物支付债券（PIK）允许债券发行人以额外的债券代替现金来支付利息。

每股账面价值（Book Value Per Share）

一家公司的资产负债表上所显示的净资产除以发行的股票数量，账面价值是指这家公司的资产按购置价格计算的价值减去该公司所有的负债后的余额。有形资产价值，或称硬资产价值则减去了这家公司无形资产的结存价值，如商誉和专利权。买入价格与账面价值比较低的股票的投资策略已经被证实能始终如一地战胜市场。

市值（Capitalization）

参见市值（market capitalization）：公司资产的市场价值，即公司现有股份数额乘以每股市场价值。

资本支出（Capital Spending）

指对固定资产的购买（或者改良），比如厂房和设备。在使用年限中，资本支出通常会贬值，修理费用根据实际发生额进行计算。

资本结构（Capital Structure）

指一家公司的债务和权益的构成。债务权益比是用来衡量一家公司的资本结构是安全还是危险的指标之一。

现金流（Cash Flow）

有很多种定义。通常“现金流”指的是一家公司的现金收益，由净收入和非现金支出（通常为折旧和摊销）所组成。更有用的一个术语是自由现金流，因为它考虑到了一家公司的资本支出，指的是净收益加上折旧和摊销，再减去资本支出（参见第7章中有关现金流的讨论）。

逆向投资者（Contrarian）

指愿意在思想和行动上做到与众不同的投资者。

违约（Default）

未能按照债务凭证上的约定如期支付利息或本金的行为。此外，违约也指违反特定的贷款协议，比如，未能按照贷款协议或者债券上的契约实现盈利或者资产上的最低目标。布洛克林地区的人们相信，正是因为违约的出现才会导致大震动。

折旧（Depreciation）

在使用年限中分派固定资产（如厂房和设备）的成本时从收入中扣除的非现金支出（参见第7章中有关现金流的讨论）。

有效市场理论（或称随机漫步理论）（Efficient Market Theory, Random Walk Theory）

这一理论认为，所有股票的定价都是有效的，所有能够公开获得的信息以及对未来的预期都反映在了当前的股价中。在强势有效市场中，这一理论假设，通过掷硬币进行投资的一只猴子也能像一名专家那样战胜市场。（注：尽管大体上说这种假设是对的，但这并不意味着市场是有效的。他们在商学院里传授的就是这一理论，如此，当你自己进行研究时，你便能减少竞争。）

票面价值（Face Value）

标注在债券、票据或者抵押单据等工具或者凭证上的价格。债券工具通常会在到期日（即债券期满）以账面价值被赎回，债券能够以高于或者低于票面价值的价格进行交易（或者发行）。

指数化投资（指数基金）（Indexing, Index Fund）

通过购买某一指数中多数或者全部的证券来仿效该指数的回报的投资策略。一只标准普尔500指数基金将按比例购买500只构成了该指数的股票（这一策略也被称之为“认输”投资策略）。

受托人（Fiduciary）

指有责任对委托给他或者它的资金进行合理投资、为委托人牟取利益的个人或者组织（正如你所知道的，如果投资出了差错，受托人会遭到起诉）。

财年（Fiscal Year）

企业用来编制会计报表的连续12个月。公司的财年可能就是自然年（即结束于12月31日），但许多企业的财年有着不同的结束日期。

内部人士（Insider）

指公司中的董事、官员和关键雇员，这不是法律上对"内部人士"的严格定义，但当你们做投资决策时，要紧盯着这些人。

机构投资者（Institutional Investors）

指代别人进行大量交易的组织，包括养老基金、银行、共同基金、保险公司、大学捐赠基金以及工会基金。

杠杆（Leverage）

金融杠杆指的是一家公司所使用的债务与其权益之比。一家杠杆公司往往拥有较高的债务权益比。如果能够用借入的资金创造出高于贷款成本的回报，那么对金融杠杆的使用会给股东带来高回报。杠杆投资是指，投资者通过贷款来进行投资（如用大量的抵押贷款购买一所房子，或者使用保证金购买股票），或者指投资者以较少的资金购买在晚些时候购买资产规模相对较大的证券的权利，如使用较少的资金购买期权或者权证。

杠杆收购（Leveraged Buyout）

指主要通过贷款来收购公司的一种收购方式，被收购公司的资产和盈利能力是贷款的主要依据。通过投资重组股、杠杆分拆以及不定期的证券并购，你可以在一个公开交易的杠杆收购中购买股票。

流动性（Liquidity）

指在大量买卖股票时不会对其价格造成过度影响的能力。例如，一名买家可以在当前价格买入10万股的IBM股票，而一名买家在购买XYZ油炸圈公司10万份股票时可能需要大幅提高购买价格，只有这样才能找到能够提供这一数量股票的卖家。

保证金借款（Margin Debt）

指以证券价格为抵押物的贷款。根据对保证金的规定，个人可以对符合要求的股票借入占这些股票市值50%的资金。

安全边际（Margin Of Safety）

指资产价格与对这些资产的价值预期之间的缓冲空间。以大幅低于“指定价值”或者“估定价值”的打折价购买证券是本杰明·格雷厄姆提出的投资法的中心思想。

市值（Market Capitalization, Market Value）

一家企业的市值是指股价乘以发行的股票数量（例如，一家发行了 1000万股股票、股价为17美元的公司的市值为1.7亿美元），总市值为这家公司的市值加上未到期债务价值的总和。

纳斯达克（Nasdaq，全美证券商协会自动报价系统）

供经纪商和交易商使用、为多数柜台市场（OTC）上的股票提供报价的电脑系统。上市公司必须满足最低标准才能加入这一系统。

非市场风险（非系统性风险，Nonmarket Risk, Unsystematic Risk）

指一只股票面临的与市场波动无关的风险。如果你的投资组合中有5~8只股票（属于不同的行业），你不必对这一风险感到太过担忧。

期权（挂牌期权，Options, Listed Options）

指在未来某段时期内，以特定的价格买入或者卖出某种证券的权利。上市公司股票期权以合约的形式进行交易，每份合约代表着买入或者卖出100股股票的权利。

看涨期权允许持有人以设定好的价格在特定日期或者该日期之前买入100 股股票。

看跌期权允许持有人以设定好的价格在特定日期或者该日期之前卖出100股股票（参见第6章中对期权更为深入的描述）。奖励性股票期权不同于挂牌期权，前者指的是公司以期权形式支付给执行官的奖金。

优先股（Preferred Stock）

指企业中支付固定股息的一类股本，在股息支付和清算时，较普通股享有优先权，但公司所发行的债券较优先股有着更高的优先权。优先股的股息是可以累积的，也就是说，所有未能发放的股息都会累积起来，并在支付普通股股息之前，必须将所有应该支付的股息支付给优先股股东。优先股可以被转换成其他证券，在经过一段时期之后，能以特定的价格赎回，或者兑换成公司所选择发行的其他证券。

市盈率（P/E, Price/Earnings Ratio）

指股价除以每股收益，这一指标能告诉你股价是收益的多少倍。每股收益1美元，股价为10美元的股票的市盈率为10倍。市盈率的倒数，即每股收益除以股价所得的结果就是盈利率（Earning Yield）。因此，股价10美元，每股收益1美元的股票的盈利率为10%，有时使用盈利率能更容易在股票回报与债券或者货币市场工具的回报之间进行比较。

暂编财务报表（Pro Forma Financial Statement）

是以假设为前提而制作的资产负债表、损益表，或者其他类型的报表，看起来就像是从来没有发生过的事情确实发生过一样。例如，暂编财务报表可能显示，如果很早之前这家公司就进行了并购，那么它的收益会是多少。

股东签署的委托书（Proxy Statement）

指按证券交易委员会的规定，包含了在对公司重大事件进行投票时应当提供给股东的特定信息的文件。例如，在董事会选举之前，以及在并购完成之前，应当将一份股东签署的委托书分发给股东。

并购套利（Risk Arbitage）

购买参与了收购计划的公司的股票，有时还包括卖出被提到的收购者的股票。（为什么你要看这些呢？我不是跟你说过自己不要进行这方面的尝试吗？）

给证券交易委员会（SEC）的报告（SEC Filings）

指上市公司按规定的格式和日期向政府部门递交的披露信息的报告。这些报告包括定期公布的财务数据，以及披露对公司发展有重大影响的信息。

卖空（Short Sale）

卖出借来的证券，希望这一证券会下跌，然后在低位再买回来，并归还给这些证券的所有者。这也指能够以便宜的价格购买到温暖季节才能穿的裤子的机会。

股票经纪商（Stockbroker）

律师、政客和保险推销员的混合体（但我不会带着有色眼镜来对待这些人，我的一些最要好的朋友也是股票经纪商）。

拆股（Stock Split）

指在没有改变权益或者市值的情况下，按比例增加一家公司发行在外的股票数量的行为。对于拥有300万股流通股、股价为30美元的股票按1股拆3股的比例进行拆股，那么这只股票的股价将变成10美元，流通股数量将增加到900 万股。拆股本身并不会影响到这家公司的市值。

要约收购（Tender Offer）

对一家公司的股东公开发出要约，以标的价格打算收购这家公司部分或者所有的股份。通常要约收购都有一定的时限，且报出的收购价格一般都会高于目标公司当前的股价。在恶意收购中，要约收购的方式经常被采用，但很少会被看成是友善的举动。

承销商（Underwriter）

将新发行的证券销售给公众的投资银行，承销商可以独立承担销售任务，也可以同其他承销商组成一个集团来完成任务。当采用包销方式承销新发行的证券时，投资银行会以打折价从证券发行人那里买下这些新证券，然后再公开销售这些证券。

波动性（Volatility）

价格波动的幅度及频率。尽管波动性指标被多数学院派人士用来衡量股票的风险，但它在衡量长期赢利性方面却表现得一塌糊涂。

权证（Warrants）

是一种赋予持有人在特定的时间以特定的价格买入股票的权利的证券，一只存续期5年、以100美元价格购买IBM股票的权证允许持有人在未来5年中的任何时候以100 美元的价格直接买入IBM的股票。

到期收益率（Yield To Maturity）

持有债券或者其他债务凭证至到期日时所获得的回报率。如果是以低于或者高于票面价值的价格买入的债务工具，到期收益率会不同于票面利率。例如，以相当于票面价值80%的价格买入的票面利率为10%的10年期债券，其到期收益率为13.74%。票面利率与到期收益率之所以会不一致是因为，你仅用80美元便可每年获得10美元的利息，10年下来，你所投入的80美元的成本将获得100美元的利息收入，从而给你最终的回报率带来了影响。

股票投资获利必读投资经典

集中投资：巴菲特和
查理·芒格推崇的投资策略

穿越周期的专业投机技艺：
投机者经典教程

行为投资学手册：投资者如
何避免成为自己最大的敌人

利弗莫尔的股票交易方法

投机教父尼德霍夫的
股票投机术

如何找到100倍回报的股票：
基于365只100倍股的研究成果

量价分析：量价分析创始人
威科夫的盘口解读方法

量化价值投资：人工智能
算法驱动的理性投资

构建量化动量选股系统的
实用指南

价值投资之外的巴菲特

股票基本面分析清单：
精准研判股价的底部与头部

哈里曼股票投资规则

投机教父尼德霍夫回忆录

在股市大崩溃前抛出的人：传奇投机大师伯纳德·巴鲁克自传

行为金融学：洞察非理性投资心理和市场

现代价值投资的安全边际：为慎思的投资者而作的25个避险策略和工具

威科夫股票交易与投资分析

量价分析实操指南：创建属于自己的高品质股票交易系统

马丁·茨威格的华尔街制胜之道：如何判断市场趋势、选股、择时买卖

选股

如何通过卖空股票赚钱：获得财富很简单，只需好方法

交易冠军：
一个天才操盘手的自白

像格雷厄姆一样读财报：“股神”巴菲特案头之作

cis股票交易术：在股市从23万赚到13亿元的制胜逻辑

股票的生命周期交易

如何成功地交易新股和超级成长股

著者 :（美）伊夫 · 波波　凯西 · 唐纳利
埃里克 · 克鲁尔　库尔特 · 戴尔
出版社 : 中国青年出版社

长期占据美国亚马逊股票投资畅销书榜单。

首次公开的研究发现与具有启示性的数据，揭示从新股到超级成长股的生命周期、形态与交易规则。

让你在早期发现超级成长股，采取正确的交易策略，获得改变人生的回报。

杰克 · 施瓦格、丹 · 赞格、詹姆斯 · 罗佩尔推荐

内容简介

如何尽早发现下一个亚马逊、特斯拉或奈飞？什么卖出规则能带来巨大的收益？如何避免交易新股的陷阱？

为了找到这些问题的答案，作者展开了研究。他们发现股票就像生命体一样，会经历从幼体到成熟的过程，即生命周期。在审视过去40年里绩优股的图表时，他们发现了其共性以及反复出现的价格形态，即生命周期形态。

本书是作者的研究结果，揭示了在早期发现超级成长股，并在价格飙涨之前买入它们的方法，以及交易超级成长股的获利策略。具体包括：

超级成长股生命周期的3个阶段；

股票的6种生命周期形态；

筛选超级成长股的方法；

新股和超级成长股的买入、卖出规则；

确定要保全的最低收益率，以便在下一次交易有积极心态的持股法。

本书涵盖的内容包括如何选择标的和确定买卖时机、如何管理资金，有助于消除情绪对交易的影响，在股票生命周期的最佳时刻买入，然后在正确的时间卖出，成功地交易新股与超级成长股。

本书全彩印刷，有大量超级成长股案例的K线图和分析，便于读者理解与参考。

量价分析

量价分析创始人威科夫的盘口解读方法

著者 :（英）安娜 · 库林
出版社 : 中国青年出版社

美国亚马逊量价分析主题图书长期排名榜首。

威科夫量价分析法至今被华尔街所有投资银行奉为圭臬。

杰西 · 利弗莫尔、J · P · 摩根、理查德 · 奈伊所倡导的盘口解读法。

内容简介

每一次我们进行交易时，都会面临这样一个问题，“接下来的价格会是什么样的？”量价分析将提供答案。在交易中只有两个最重要的指标。一个是价格，另一个是成交量。如果孤立地看这两个指标，我们得到的信息不多，但如果将这两个力量相结合，就会产生一个非常有力量的分析方法。

量价分析之父理查德 · 威科夫曾多次采访杰西 · 利弗莫尔、J · P · 摩根，发现这些大师都拥有一个共同点：就是将行情纸带作为投资决策的依据，通过价格、成交量、时间、趋势发现最基本的供求规律。他们都是盘口解读的倡导者。

本书详细阐述了理查德 · 威科夫分析方法的精髓，系统介绍了量价分析方法的各个层面，用简单易懂的方式解释这其中的常识与逻辑，包括量价分析的首要原则、市场是如何被操纵的、需要注意的重要的K线图形态、支撑位与阻力位、动态趋势和趋势线、价量分布分析，所有这些构建起了完整的量价分析法。

本书是从局内人（做市商）的视角写作的，阐释了局内人的行为轨迹，以及为什么量价分析是帮助你真正看到市场内部行为的唯一方法。作者帮助你洞察他们的行为，识破他们的伎俩，破译市场信号，跟随他们的行动，在他们买入的时候买入，在他们卖出的时候卖出，成为局内人以外的能够从市场中获利的群体。

更富有、更睿智、更快乐

世界顶尖投资者是如何在市场和生活中实现双赢的

作　者:（英）威廉 · 格林
出版社：中国青年出版社

作者简介

威廉·格林，一流媒体作家，曾为美国和欧洲的许多出版物撰稿，包括《时代》《财富》《福布斯》和《经济学人》等。格林在伦敦出生和长大，在牛津大学学习英国文学，并在哥伦比亚大学获得新闻学硕士学位。

内容简介

此书介绍了沃伦·巴菲特、查理·芒格、约翰·邓普顿、霍华德·马克斯等40多位投资大师的投资智慧。在分享与众多投资大师深入接触的日常故事中，作者威廉·格林总结出了投资大师的为人处世之道，也发现了这些一流的投资名家的共同点。他们都是：

长期主义的践行者；

擅长忍耐的纪律奉行者；

冷静又坚韧的投资者。

现代价值投资的安全边际

为慎思的投资者而作的
25个避险策略和工具

作　者：[荷]斯万.卡林

出版社：中国青年出版社

上架建议：股票投资

价值投资领域是存在差距的。本杰明.格雷厄姆于1949年出版了《聪明的投资者》，随后这本书出版了多个版本，直至1972年；赛思.卡拉曼于1991年出版了《安全边际》一书。自格雷厄姆的杰作出版已经过去了70多年，而卡拉曼做了同样的事情也有30年了。因此，当今的读者需要一本现代书籍来分析我们所处的金融环境发生的所有变化。

而作者出版此书的宗旨正是帮助人们实现他们的财务目标。那么有一种方法就是通过投资教育。在本书中，作者试图帮助投资者开发强大的投资思维和技能，使读者能够做出更好的投资决策并寻找更好的投资组合。